Thich Nhat Hanh

Das Wolkenkloster

Thich Nhat Hanh

Das Wolkenkloster

Aus dem Vietnamesischen
von Mobi Warren und Annabel Laity

AURUM VERLAG

Die von Mobi Warren und Annabel Laity übersetzte Originalausgabe erschien unter dem Tiel „Hermitage Among the Clouds" im Verlag Parallax Press, Berkeley, CA.
Sie wurde ergänzt durch ein Vorwort zur deutschen Ausgabe sowie eine geführte Meditation.

Ins Deutsche übersetzt von Dr. Hans-Georg Türstig.

Die Deutsche Bibliothek – CIP-Einheitsaufnahme

Thich, Nhat Hanh:
Das Wolkenkloster / Thich Nhat Hanh. Aus dem Vietnames. von Mobi Warren und Annabel Laity. [Ins Dt. übers. von Hans-Georg Türstig]. – Braunschweig : Aurum-Verl., 1997
Einheitssacht.: Hermitage among the clouds <dt.>
ISBN 3-591-08398-4

1997
ISBN 3-591-08398-4

Gesamtherstellung: Westermann Druck Zwickau GmbH

Vorwort

Zwar ist dies die Geschichte der Prinzessin Wunderjuwel, doch kann man sie nicht von der ihres Vaters trennen, der auf seinen Thron verzichtete, um fortan als Mönch in der kleinen Einsiedelei Schlafende Wolken auf dem Berg Yen Tu zu leben. Bekannt wurde er als der „Edle Lehrer vom Bambuswald" und als Gründer der Bambuswaldschule für Zen-Meditation.

Bevor er Mönch wurde, trug er den Namen Tran Nhan Tong und herrschte als König über das Land der Viet. Ende des dreizehnten Jahrhunderts vertrieb er die einfallenden mongolischen Truppen. Vom Tag seiner Mönchsweihe an führte er das Leben eines Asketen – er trug grobe Kleidung, schlief unter einem Blätterdach und ging immer barfuß. Doch arbeitete er auch als Mönch weiter daran, Gerechtigkeit und Moral in der Kultur seines Volkes zu verankern. Er reiste in das Land Tschampa*, um den Boden für eine beständige Freundschaft und einen dauerhaften Frieden zwischen den beiden Ländern zu bereiten. Und Prinzessin Wunderjuwel legte den Grundstein für den Frieden zwischen Tschampa und Viet.

Auch ich bin Mönch und versuche hier, diese Geschichte mit dem Herzen und dem Geist des Edlen Lehrers vom Bambuswald zu erzählen.

Thich Nhat Hanh

* Das Land südlich von Viet, ungefähr zwischen dem heutigen Hue im Norden und Nha Trang im Süden.

Das Lächeln der Mona Lisa

Während ich an der Übersetzung von *Das Wolkenkloster* arbeitete, sagte ich meinen interessierten Freunden häufig, daß es sich um einen historischen Roman handle. Danach folgte gewöhnlich meine Erklärung, daß es eigentlich nicht wirklich ein historischer Roman sei, jedenfalls nicht in dem Sinne, in dem Leser und Leserinnen im Westen diesen Begriff verstehen. Es sei auch ein Strom von Bewußtsein, eine Gebrauchsanleitung, wie man in Viet einen Ofen anzündet, eine Feier der Geburt des Buddha ... Ich beschrieb mein Dilemma, diesen Roman so zu übersetzen, daß er auch für abendländische Leser „funktioniert“. Ich hatte vor, das Buch ganz erheblich umzustrukturieren, damit es abendländischen Lesern zugänglicher würde, konnte aber gleichzeitig meinen inneren Widerstand gegen eine solche Veränderung nicht überwinden.

Ein Kampf entbrannte in meinem Inneren, den andere Übersetzer zweifellos auch kennen. Ich fühle mich hin- und hergerissen zwischen meiner Sympathie für die abendländischen Leser (ich wollte ein Buch liefern, das sie mit derselben Leichtigkeit lesen konnten wie vietnamesische Buddhisten das Original) und meinem Wunsch, die literarische Struktur des Autors zu bewahren. Die Struktur eines literarischen Werkes kann man eben nicht von seiner Bedeutung trennen, denn es ist die Struktur, welche uns die Denkweise des Autors vermittelt.

Das Wolkenkloster wird beinahe ausschließlich in Rückblenden erzählt. Häufig sind in einer Rückblende weitere Rückblicke enthalten, Handlungsfäden, die sich wie Fasern zu Schnüren zusammenfügen. Zeitgrenzen verschwimmen. Die Reihenfolge, in der selbst grundlegende Tatsachen präsentiert werden, kann unlogisch erscheinen. Abendländische Leser fragen sich womöglich, warum eine Information nicht schon ein paar Seiten früher gegeben wurde, als sie relevanter war, oder wieso etwas anscheinend ohne jeden Zusammenhang noch einmal gesagt wird. Die Antwort lautet, daß unsere abendländischen Vorstellungen von Zeit hier nicht greifen.

Die Personen in dieser Geschichte erleben alles aus dem gegenwärtigen Moment heraus. Vergangenheit, Gegenwart und Zukunft sind untrennbar miteinander verwoben. Im selben Moment kann eine Person zwanzig Jahre zurückreisen, ein Gespräch führen, das vor zwanzig Minuten stattfand, und sich am Rauschen eines vorbeifließenden Flusses erfreuen. Eigentlich denken wir alle ständig in dieser Weise. Zufällige Gedanken aus der Vergangenheit überlagern jeden gegenwärtigen Gedanken. So wird die Vergangenheit dynamisch und formbar, und man kann sie in die Gegenwart bringen, wo sie heilend und verwandelnd wirkt. Diese Heilung ermöglicht ein Erwachen im gegenwärtigen Moment, und dieses Erwachen macht eine Heilung der Vergangenheit möglich. Genau das tut Prinzessin Wunderjuwel, die spätere Nonne Duftende Girlande, im Verlauf der ganzen Geschichte.

Zugegeben, man kann diesen ständigen Wechsel zwischen Vergangenheit und Gegenwart wesentlich einfacher in Vietnamesisch ausdrücken, denn diese Sprache kennt keine Zeitformen für die Verben. Es gibt zwar kleine Worte, die man den Verben hinzufügen kann, um Vergangenheit oder Zukunft auszudrücken, aber die werden oft weggelassen, weil man die Bedeutung des Gesagten ohnehin meist aus dem Kontext versteht. Im Vietnamesischen kann man ganz einfach und mit großer sprachlicher Leichtigkeit zwischen den verschiedenen Zeiten wechseln. In europäischen Sprachen sind Zeitformen für Verben nötig, und Rückblenden klingen daher oft merkwürdig unbeholfen. Die englische Sprache (genau wie die deutsche) führt zu einer eher linearen Struktur, die wir als geordneter und angenehmer empfinden. Schriftsteller, die im Englischen mit verschiedenen Zeitebenen experimentieren, vermischen ihre Sprache häufig mit einer Poesie, welche die Verhaftung an das Lineare zeitweise aufheben kann. Was man im Vietnamesischen als gegeben hinnehmen kann, ist im Englischen weitaus schwieriger aufrechtzuerhalten.

Ein abendländischer Roman folgt gewöhnlich der Einheit von Zeit, Ort und Handlung. Die Handlung ist so ausgelegt, daß sie in einem bestimmten Zeitraum stattfindet, in dem die Hauptpersonen Krisen oder Konflikte erleben und lösen. Solche Geschichten folgen einer linearen Zeit, in deren Zentrum die Hauptpersonen stehen, während die weniger wichtigen Personen immer an der Peripherie bleiben. Wir sind so daran gewöhnt, Geschichten zu hören und zu lesen, in denen die zentrale Stellung bestimmter Individuen und die Bedeutung von Konflikten betont werden, daß wir nie innehalten und bedenken, daß dies nicht die einzige Art und nicht einmal die genaueste Art ist, die Erfahrungen des Lebens zu beschreiben. Angesichts einer Literatur, die einem zirkularen Muster folgt, rebelliert etwas in uns. Vielleicht kritisieren wir den Autor dafür, daß er in einem verwirrenden Stil schreibt, während in Wirklichkeit unsere Vorstellungen von Zeit herausgefordert werden. Begegnen wir einer Geschichte, in der Randfiguren plötzlich ganze Kapitel beherrschen, während die Hauptpersonen in den Hintergrund treten, kritisieren wir den Autor vielleicht dafür, daß er abschweift, während er uns in Wirklichkeit zeigen will, daß die Personen alle voneinander abhängen. Sie spiegeln sich gegenseitig, sind alle ineinander enthalten. Sie in Haupt- und Nebenpersonen einzuteilen erzeugt eine falsche Trennung. Auch sind wir verwirrt, wenn ein Autor ebensoviel Zeit für die Schilderung alltäglicher Dinge verwendet wie für die Schilderung von Konflikten oder „wesentlichen Dingen". Rät er uns damit vielleicht, das Wunderbare im Gewöhnlichen zu sehen?

Das Wolkenkloster bewegt sich in Kreisen. Man könnte beinahe in jedem beliebigen Kapitel anfangen, das Buch zu lesen. Es erinnert mich an Leonardo da Vincis Mona Lisa. Egal, wo Sie stehen, die Augen der Mona Lisa schauen Sie immer direkt an. Egal, wo Sie *Das Wolkenkloster* zu lesen beginnen, Sie befinden sich immer im gegenwärtigen Moment. Mona Lisas konzentrierter Blick, der überall zugleich hingeht, und ihr mysteriöses Lächeln haben ihr eine einzigartige Langlebigkeit verliehen. Jahrhundertelang haben zahllose Menschen darüber nachgedacht und diskutiert, warum sie wohl lächelt. Andere schauen sie einfach an und lächeln zurück.

Als ich *Das Wolkenkloster* zum dritten Mal las, gelang es mir plötzlich, meine abendländischen Erwartungen an einen historischen Roman auszuschalten. Und dann ging mir ein Licht auf. Mein Widerstand schmolz dahin, und ich empfand eine unvorstellbare Liebe für jeden einzelnen Charakter und jedes einzelne Detail dieses Buches. Die indianische Schriftstellerin Paula Underwood sagt, man solle jede Geschichte mindestens dreimal hören, „einmal für das linke Ohr, einmal für das rechte Ohr und einmal für das Herz". Sie überträgt das dann auf „einmal für die linke Gehirnhälfte, einmal für die rechte und einmal für das Gleichgewicht zwischen beiden".

Schließlich entschloß ich mich, die Struktur dieses Buches nicht zu verändern. Hätte man diese Geschichte in chronologischer Reihenfolge wiedererzählt, ohne all die Ebenen und Rückblenden, wäre es eine liebliche, sanfte und inspirierende Geschichte geblieben. Aber an dieser Geschichte ist viel mehr dran. Die Struktur dieses Romans, mit all den Rückblenden, Wiederholungen und Windungen, ist eine Einladung, die Erweckungserlebnisse mit Schwester Duftende Girlande zu teilen. Auch sie trägt das Lächeln der Mona Lisa. Es liegt an uns, loszulassen und zurückzulächeln.

Mobi Warren
Mitübersetzerin aus dem
Vietnamesischen

Vorwort zur deutschen Ausgabe

Als ich dieses wundervolle Buch zum ersten Mal las, wurden zwei für mein Leben wichtige Ereignisse plötzlich wieder lebendig.

Das eine war meine erste Begegnung mit Thich Nhat Hanh vor sieben Jahren. Ich traf Thây (wie wir Schüler und spirituellen Weggefährten ihn liebevoll nennen) im buddhistischen Zentrum Schloß Wachendorf bei Bonn. Schon bald entdeckte ich, daß ich nicht nur einen überzeugenden Zen-Meister mit ungewöhnlichem Charisma kennengelernt hatte, sondern auch einen der wenigen lebenden Bodhisattvas: einen Menschen, der das, was er lehrt, auch lebt, und der die noch seltenere Fähigkeit besitzt, ein direktes, unmittelbares Verstehen dessen, was er vermittelt, im anderen zu ermöglichen. Thich Nhat Hanh zeigt uns mit außerordentlicher Präsenz und Kompetenz, wie wir die Kraft, die zur Veränderung unserer Geisteshaltung nötig ist, durch die Energie der Achtsamkeit entwickeln, fördern und im Alltag umsetzen können.

Dieser weltweit als Mann des Friedens geachtete Meditationsmeister beherrscht nicht nur die Kunst des achtsamen Lebens, die er wie kaum ein anderer vorlebt, er ist auch ein großartiger Dichter, wie seine Erzählungen in *Der Mondbambus* (Aurum) und seine Gedichte in *Nenne mich bei meinen wahren Namen* (Theseus) beweisen. Thich Nhat Hanh empfängt viel Kraft aus seinen Wurzeln, von seinen spirituellen und blutsverwandten Ahnen, mit denen er sich tief verbunden fühlt. Davon handelt dieses Buch. Es erzählt in faszinierender, unser Herz berührender Weise die Geschichte des Königs Tran Nhan Tong und seiner Tochter, der Prinzessin Wunderjuwel. König Tran Nhan Tong gründete im 14. Jahrhundert die Bambuswald-Schule, jene Traditionslinie, der Thich Nhat Hanh und alle Mitglieder seines Ordens InterSein angehören.

Das Vergangene wird im „Hier und Jetzt" lebendig, und so erleben die Personen dieser Geschichte Gegenwart und Vergangenheit als Einheit. Auch das Zukünftige wird durch Denken, Reden und Handeln in der Gegenwart geformt und gestaltet und ist somit bereits gegenwärtig. Wie dieses Buch zu lesen und aufzunehmen ist und welche verwandelnde Kraft in dieser Geschichte steckt, wenn wir uns ihr wirklich öffnen, wird in der vorstehenden Betrachtung „Das Lächeln der Mona Lisa" eindrucksvoll beschrieben.

Das zweite, mein Leben verändernde Ereignis war eine meditative Schau während meiner Reise durch Vietnam im Herbst 1993. Ich bestieg damals zusammen mit vietnamesischen Freunden den Berg Yen Tu und ließ mich eine gute Stunde lang auf dem Meditationsplatz des Königs Tran Nhan Tong nieder. Tiefe Stille hüllte mich ein; meine Gefährten waren weitergezogen, und ich saß allein in vollkommener Ruhe auf diesem Platz, mitten in der wunderbaren Natur, umgeben von intensiv duftenden Blumen, Bambuswäldern und sanften tiefgrünen Bergrücken. Während ich dort meditierte, fielen Vergangenheit und Gegenwart in einem Punkt zusammen, und fast schmerzhaft, aber doch beglückend erspürte ich die Seele dieses Landes. Die Menschen, Tiere und Pflanzen Vietnams, seine Erde und die vielfältigen Geräusche und Gerüche vereinigten sich zu einer machtvollen Symphonie, die ich ergriffen mit allen Sinnen in mich aufnahm. Seitdem liebe ich dieses Land, das soviel Leid, Not und Kriegswirren erfahren hat. Der König, seine Tochter und ein würdiger Sohn des Landes namens Thich Nhat Hanh leben seither sehr greifbar und gegenwärtig in meinem Herzen.

Januar 1997 Amoghavajra Karl Schmied
Dharmacarya des Ordens InterSein

Die Personen

AVALOKITESHVARA Bodhisattva der Barmherzigkeit, auch Quan Am genannt.

BAO PHAC Nationaler buddhistischer Lehrer Vietnams, der Wunderjuwel ordiniert.

BAO SAT Zen-Meister, der auf dem Berg Yen Tu mit dem Edlen Lehrer lebt.

BAO TU Königin, Ehefrau des Königs (Tran) Anh Tong.

CAM Halbschwester von Tam (Königin Y Lan).

DANG VAN Minister am Hofe des Königs Anh Tong. Führt mit Minister Tran Khac Chung die Delegation zur Befreiung von Wunderjuwel aus Tschampa.

DAO NHAT Nationaler buddhistischer Lehrer Vietnams, der den Edlen Lehrer ordiniert.

DAYADA Sohn von Wunderjuwel und König Harijit.

DOAN NHU HAI Minister am Hofe des Königs Anh Tong, der anfänglich gegen die Heirat von Wunderjuwel mit dem König von Tschampa ist.

DUFTENDE GIRLANDE Wunderjuwel nach ihrer Ordination.

DUFTENDE PRACHT Jüngste Nonne im Kloster Tigerberg.

FRIEDENSBLÜTE Nonne im Kloster Junger Berg.

HARIJIT König von Tschampa, Ehemann von Wunderjuwel.

HARIJITPUTRA Ältester Sohn König Harijits, der nach ihm den Thron besteigt.

HUE Prinz, zweiter Sohn des Edlen Lehrers.

KHANH Wunderjuwels Dienerin, die sie nach Tschampa begleitet.

KHAN TU Königinmutter, Ehefrau des Edlen Lehrers, Tochter von General Tran Hung Dao.

LICHT DES DHARMA Novize und Mönch, Lieblingsschüler des Edlen Lehrers.

LOI Phungs Sohn, der die Schule im Kloster Tigerberg besucht. Sein Vater fiel im Krieg.

LY NHAN TONG König der Ly Dynastie. Sohn des Königs Ly Thanh Tong und der Königin Y Lan.

LY THANH TONG König der Ly Dynastie, Vater von Ly Nhan Tong.

MANH Sohn des Königs Anh Tong, der spätere Thronfolger und König Minh Tong.

MORGENRÖTE Neun Jahre altes Mädchen, Novizin im Kloster Tigerberg.

PERLE Dienerin von Wunderjuwel, die sie nach Tschampa begleitet und später Sinh heiratet.

PHAP LOA Dharma-Erbe des Edlen Lehrers.

PHUNG Mutter von Loi, die im Dorf Tigerberg ein weiteres Kind zur Welt bringt.

QUANG KHAI General, der den Mongolen tapfer Widerstand leistete. Vater von Van Hue Vuong.

RATNA Tscham-Dienerin von Wunderjuwel.

SINH Ehemann von Perle.

STILLES LEUCHTEN Äbtissin des Klosters Tigerberg (auch: Junger Berg).

TAM Bauernmädchen, später Königin Y Lan, Ehefrau von König Ly Thanh Tong und Mutter von Ly Nanh Tong.

TRAN ANH TONG Prinz Thuyen, ältester Sohn des Edlen Lehrers, Thronfolger und später König Anh Tong.

TRAN HUNG DAO Vater der Königin Khan Tu, Wunderjuwels Großvater; Nationalheld.

Tran Khac Chung Innenminister am Hofe König Anh Tongs. Führt zusammen mit Minister Dang Van die Delegation zur Befreiung Wunderjuwels aus Tschampa an.

Tran Nhan Tong Der Edle Lehrer, Begründer der Bambuswaldschule für Zen-Meditation. König der Viet, der Ende des dreizehnten Jahrhunderts die mongolischen Horden vertrieb. Vater von Prinz Thuyen, Prinz Hue und Prinzessin Wunderjuwel.

Tran Thai Tong Vorgänger von Tran Nhan Tong als König von Viet. Wunderjuwels Großvater.

Truc-Familie Eltern von Morgenröte. Der Vater bewirtschaftet die Reisfelder des Klosters Tigerberg.

Tu Hebamme im Dorf Tigerberg.

Tue Trung Älterer Bruder von Tran Hung Dao. Wurde später Mönch. Ehrwürdiger Meister und Lehrer des Edlen Lehrers.

Tuyen Tu Schwester der Königin Khan Tu, wird nach dem Tod Khan Tus Königinmutter. Später wird sie von Phap Loa ordiniert.

Van Hue Vuong Wunderjuwels Lehrer, Sohn des Generals Quang Khai, Perles Pate.

Wunderjuwel Prinzessin, Tochter des Edlen Lehrers, auch Paramesvari genannt, Königin von Tscham. Siehe auch: Duftende Girlande.

Y Lan Königin der Ly Dynastie, Ehefrau des Königs Ly Thanh Tong und Mutter von Ly Nhan Tong.

Das Wolkenkloster

Erwache

Berg Yen Tu, 1308

Prinzessin Wunderjuwel erwachte vom Klang eines Liedes. Klar wie eine Bronzeglocke tönte die Stimme des Novizen, der langsam die einleitenden Verse zum morgendlichen Gottesdienst sang: „Allmächtiger und Barmherziger, voller Kraft und unermeßlicher Freude, der uns gebietet, in den Zustand höchster Wachheit zu treten, der in den zehn Himmelsrichtungen wohnt, Begründer des direkten Weges …"

Wunderjuwel stand nicht auf, sondern entspannte sich, und die Worte drangen in ihr Herz und in ihren Geist. Nur ganz selten hatte sie solchen Frieden und solche Freude gespürt. Sie schloß die Augen, um es zu genießen. Sie atmete gleichmäßig und sanft.

Als der Novize Licht des Dharma die ersten Verse des Surangama Dharani sang, beschleunigte sich der Rhythmus der hölzernen Trommel, seine Stimmlage änderte sich, und seine Worte stiegen auf wie ein Drachen im Wind. Die einzelnen Trommelschläge vermischten sich mit einem weichen Ton, einem Klang wie ein in der Luft schwebender Seidenfaden. Jetzt begann der Novize mit dem Lied für den Bodhisattva der Barmherzigkeit, und Wunderjuwels Gedanken wanderten zu ihrem Vater, dem ehemaligen König. Sie stellte sich vor, wie er in diesem Moment in seiner Einsiedelei Schlafende Wolken meditierte. Sie wußte, daß sie später am Tag mit ihm gemeinsam zum Gipfel des Berges steigen würde. Langsam erhob sie sich.

Es war dunkel im Zimmer. Die Flamme der Öllampe auf dem Ecktisch war kaum größer als eine kleine Bohne. Wunderjuwel ließ ihre Füße über den Boden gleiten, bis sie in den Strohsandalen zur Ruhe kamen, die Licht des Dharma ihr gegeben hatte. Sie ging durch das Zimmer und stellte die Öllampe heller. Bis auf einen winzigen Tisch und ein kleines Bett war der Raum völlig kahl. Sie nahm die Wolldecke vom Bett und legte sie sich um die Schultern.

Es war immer noch dunkel, aber Wunderjuwel konnte bereits die verschwommenen Umrisse der Felsen und Bäume erkennen, die die Einsiedelei umgaben. Sie fröstelte in der kühlen Bergluft, wickelte sich fest in die Decke und kehrte in ihr Zimmer zurück. Erneut konzentrierte sie sich auf den Gesang von Licht des Dharma, der immer wieder den Namen Shakyamuni Buddha rezitierte.

Ihr Bruder, Prinz Hue, hatte Wunderjuwel am Tag zuvor in einer Pferdekutsche an den Fuß des Berges gebracht. Er wollte den Trägern befehlen, sie den Berg hinaufzutragen, aber sie hatte abgelehnt. Nur eine junge Nonne aus dem Kloster am Fuße des Berges begleitete sie und Perle, ihre Dienerin. Gemeinsam stiegen sie hinauf zur Einsiedelei, die Kleiner Drache genannt wird.

Wunderjuwel traf ihren Vater, den Edlen Lehrer vom Bambuswald, sie sprachen mehrere Stunden lang miteinander, und er bat sie, die Nacht in der Einsiedelei Kleiner Drache zu verbringen. Am Morgen würde Licht des Dharma sie zur Einsiedelei Schlafende Wolken führen. Dann entschuldigte er sich und stieg, den Bambusstab in der Hand, den Bergpfad hinauf.

Wunderjuwel dachte an diese Begegnung, ihre erste nach mehr als zwei Jahren. Wie sehr hatte sich ihr Leben in dieser kurzen Zeit verändert! Kaum hatte die junge

Nonne ihre Ankunft angekündigt, stand ihr Vater in der Tür zur Einsiedelei. Obwohl er dünner geworden war, erschien er so kraftvoll wie immer. Seine Augen strahlten voller Freude und waren von einer Liebe erfüllt, die alle ihre Sorgen zu durchdringen schien. Seine braune Mönchskutte war verblaßt, aber nicht abgenutzt. Wunderjuwel wollte hinlaufen und ihren Vater umarmen, aber sie hielt sich zurück, kniete zu seinen Füßen nieder und schluchzte wie ein kleines Kind. Der Edle Lehrer half ihr beim Aufstehen und führte sie in die Einsiedelei, wo sie sich auf einen hölzernen Stuhl neben ihren Vater setzte. Die Nonne und Perle standen neben ihr. Der Edle Lehrer bestand darauf, das Feuer selbst anzuzünden, Chrysanthementee zu bereiten und seine Gäste zu bedienen. Nachdem sie eine Tasse Tee getrunken hatte, legte die Nonne ihre Handflächen respektvoll aneinander und machte sich wieder auf den Rückweg. Die Prinzessin bat Perle, die Nonne zu begleiten und unten im Kloster auf ihre Rückkehr zu warten. Während Wunderjuwel die zweite Tasse Tee trank, fragte der Edle Lehrer: „Hat dich der Aufstieg müde gemacht, mein liebes Kind?"

„O nein, Majestät, ich fühle mich ganz frisch. Hier oben ist es wunderschön."

Der Edle Lehrer lächelte sanft. „Mein liebes Kind. Bitte nenne mich nicht ‚Majestät'. Nenne mich einfach ‚Vater'. Ich bin nun schon seit über zehn Jahren ein einfacher Mönch. Wenn andere dabei sind, dann kannst du mich, wenn du möchtest, ‚Verehrter Herr' nennen."

„Ja, mein Vater. Ich wäre äußerst dankbar, wenn du mich zur angemessenen Zeit im Buddhismus unterweisen würdest. Ich möchte deine Schülerin werden, möchte dich meinen Lehrer nennen."

Der Edle Lehrer schaute mit einzigartiger Zufriedenheit auf seine Tochter. In dem Augenblick kam ein Novize mit strahlendem Gesicht herein. Er war kaum mehr als zehn oder elf Jahre alt und trug einen mit Schriftrollen gefüllten Beutel über der Schulter. Er begrüßte sie, indem er seine Handflächen aneinanderlegte. Es war der Novize Licht des Dharma, der jüngste Schüler ihres Vaters. Licht des Dharma war gerade aus der Einsiedelei Steinerne Höhle zurückgekehrt, wo er sich die Schriftrollen zum Studium ausgeliehen hatte. Der Edle Lehrer trug ihm auf, sich zunächst ein wenig auszuruhen und danach für sie alle ein schlichtes Mittagessen zuzubereiten. Der Edle Lehrer und Wunderjuwel setzten sich draußen unter ein Blätterdach auf Holzbänke. Er bat seine Tochter, ihm zu erzählen, was sich ereignet hatte, seit sie fortgegangen war, um den König von Tschampa zu heiraten.

Wunderjuwel brauchte nicht weit auszuholen, denn ihr Vater wußte bereits, welche Ereignisse zu ihrer Heirat geführt hatten, und er kannte und schätzte die Menschen und Sitten von Tschampa ebenso wie sie selbst.

Die junge Braut

Sieben Jahre zuvor hatte der Edle Lehrer Tschampa besucht und dort sieben Monate lang gelebt, als Ehrengast von Harijit, dem König von Tschampa, der damals siebenunddreißig Jahre alt war. Der Edle Lehrer hatte dadurch ein tiefes Verständnis der Kultur und der Bräuche der Tscham gewonnen. Er entwickelte eine starke Zuneigung zu dem jungen König und bewunderte seinen Mut und seine Intelligenz. Dank der Tapferkeit und der scharfsinnigen Strategie König Harijits war es den Tscham gelungen, den Einmarsch der mongolischen Horden unter Kublai Khan zu verhindern.

Als der Edle Lehrer Tschampa wieder verließ, versprach er König Harijit seine geliebte Tochter Wunderjuwel zur Frau. Zu der Zeit war die Prinzessin erst vierzehn Jahre alt. Also bat er Harijit, noch vier Jahre zu warten, bevor er für die Verlobungszeremonie eine Delegation in die Hauptstadt von Viet schickte. Wunderjuwel erinnerte sich noch genau an den kalten Wintertag, an dem ihr Vater zurückkehrte. Ehe er sich auf den Weg zu seiner Einsiedelei auf dem Berg Yen Tu machte, besuchte er den Palast, um ein privates Gespräch mit seinem Sohn, König Anh Tong zu führen. Lange Zeit sprachen sie miteinander, zweifellos über die diplomatischen Beziehungen zwischen Tschampa und Viet. Der ehemalige König war zu einem Mahl eingeladen worden, mit dem man seine Rückkehr feiern wollte. Auch Wunderjuwel und ihr Bruder Prinz Hue waren geladen.

Prinz Hue war damals zwanzig Jahre alt, und Wunderjuwel erinnerte sich noch gut daran, wie gewandt er war, was die königliche Etikette betraf, die solchen Gelegenheiten angemessen war.

Nach dem Essen nahm der Edle Lehrer die Prinzessin beiseite und erklärte ihr, er habe sie dem König von Tschampa zur Frau versprochen. Wunderjuwel neigte gehorsam den Kopf, aber im Inneren fühlte sie sich, als beträfe die Nachricht jemand anderen. Heiraten schien noch in weiter Ferne und unwirklich, und sie beschäftigte sich nicht damit. Aber schnell verging die Zeit, und als sie es am wenigsten erwartete, traf eine Delegation von einhundert Mann aus Tschampa ein. Sie wurde vom Botschafter der Tscham angeführt, der wertvolle Geschenke mitbrachte. Das war zu Beginn des Jahres 1305. Die letzten Stücke des Neujahrskuchens waren aufgegessen, und die Prinzessin war nun achtzehn Jahre alt.

Angesichts der unbestreitbaren Tatsache, daß sie nun heiraten sollte, geriet die Prinzessin in Panik. Sie wußte nicht, wo sie sich hinwenden konnte. Ihre Mutter war gestorben, als sie gerade sechs Jahre alt war, und ihre Tante, die Königinmutter, war von Natur aus so streng, daß es der Prinzessin nie in den Sinn gekommen wäre, sich ihr anzuvertrauen. Tschampa erschien ihr fremd und weit entfernt. In ihrem ganzen Leben war Wunderjuwel noch nie weiter gereist als bis in die nördlichen Distrikte von Viet. Sie kannte ihr eigenes Land kaum, ganz zu schweigen von anderen Ländern. Als sie noch ein Kind war, hatte sie von Herrn Van Hue Vuong gelernt: „Viet grenzt im Norden an Sung, im Westen an Khmer, im Süden an Tschampa und im Osten an das südliche Meer.“ Er erzählte ihr, daß Tschampa und Viet seit uralten Zeiten oft gegeneinander gekämpft hatten, und daß ein Teil des Landes im Norden von Viet einst zu Tschampa gehört hatte.

Am Abend, nachdem er die Delegation aus Tschampa empfangen hatte, ging König Anh Tong sofort zum Palast der Königinmutter, um die Neuigkeiten bekanntzugeben. Obwohl Prinzessin Wunderjuwel unmittelbar neben der Königinmutter stand, sprach der König, ihr älterer Bruder, nicht direkt zu ihr. Ihre Heirat war eine Staatsangelegenheit, und die Prinzessin hatte kein Recht, sich dazu zu äußern, obwohl sie natürlich zutiefst davon betroffen war. So schaute der König sie nur einen langen Moment an, sagte aber nichts. Schließlich nahm die Prinzessin all ihren Mut zusammen und fragte: „Haben Eure Majestät den Heiratsantrag angenommen?"

Die Prinzessin schaute zur Königinmutter auf und bemerkte deren strengen Blick. Angstvoll senkte sie wieder den Kopf, aber ihr Bruder antwortete freundlich: „Nein, noch nicht. Dies ist eine äußerst wichtige Angelegenheit, die ich erst mit dem königlichen Rat besprechen muß, bevor ich eine endgültige Entscheidung treffe."

Am nächsten Morgen kam die Ratsversammlung zusammen, und gegen Mittag besuchte Prinz Hue die Königinmutter und die Prinzessin, um ihnen mitzuteilen, daß beschlossen worden sei, den Heiratsantrag anzunehmen. Der Prinz berichtete, daß sich einige im Rat anfangs heftig gegen die Heirat ausgesprochen hatten. Zu ihnen gehörte der Würdenträger Doan Nhu Hai, ehemals Botschafter in Tschampa, der den allerdings abgelehnten Vorschlag gemacht hatte, daß der Botschafter von Viet sich nie vor dem König von Tschampa verbeugen solle. Herr Van Hue Vuong sprach sich ausdrücklich für die Heirat aus. Er sagte: „Unser früherer König hatte eine sehr offene und weitreichende Vision. Nie fällte er irgendwelche Entscheidungen, ohne sie vorher sorgfältig abzuwägen. Im Norden haben die Mongolen genug Selbstvertrauen, um erneut in unser Land einzumarschieren. Wenn wir mit unseren Nachbarn im Süden nicht in Frieden leben, ist es durchaus möglich, daß unsere beiden Länder, Tschampa und Viet, eines Tages den Mongolen zum Opfer fallen. Eine Heirat der Prinzessin mit dem König von Tschampa wird das Freundschaftsband zwischen unseren Bürgern sichern und die Basis für einen dauerhaften Frieden schaffen. Dies ist kein gewöhnlicher Heiratsantrag. Außerdem sollten wir begreifen, daß wir das Versprechen, das unser ehemaliger König gegeben hat, nicht auf die leichte Schulter nehmen dürfen. Die Ehre unseres gesamten Landes steht auf dem Spiel. Ich bitte Eure Majestät und die gesamte Ratsversammlung, diese Angelegenheit mit äußerster Sorgfalt zu prüfen."

Der Innenminister erhob sich ebenfalls und beteuerte seine Unterstützung. Auch er betonte, daß es wichtig sei, das Versprechen des ehemaligen Königs zu ehren. Außerdem erwähnte er, daß der König von Tschampa beabsichtige, ihnen die beiden nördlichsten Provinzen von Tschampa als Mitgift zu überlassen, und wies darauf hin, wie vorteilhaft dies sei. Viet würde auf diese Weise seine Landesgrenzen nach Süden hin erweitern, ohne einen einzigen Tropfen Blut zu vergießen. Diese Worte überzeugten den Minister Doan Nhu Hai und andere, die gegen die Heirat gewesen waren. Man nahm die Verlobungsgeschenke an und teilte den Gesandten von Tschampa mit, sie könnten im zweiten Monat des folgenden Jahres wiederkehren und die Prinzessin abholen.

Wunderjuwel konnte nicht länger zuhören. Sie drehte sich um und rannte auf ihr Zimmer. Ihr Schicksal war besiegelt. Vorbei war ihre Kindheit, diese sorglosen Tage des Lachens unter dem vertrauten Dach des Palastes. Alle ihre Träume waren zerbrochen. Sie wußte, daß sie der Verpflichtung ihrem Land gegenüber nachkommen mußte, weil sie die Prinzessin war. Ihre Situation unterschied sich in nichts von der ihres älteren Bruders, des ehemaligen Kronprinzen, der so mutig die Pflichten des Königs auf sich genommen hatte. In dem früheren Gespräch mit ihrem Vater hatte sie den Eindruck gewonnen, diese Heirat sei eine wunderschöne Geste, mit der zwei gute Völker vereint würden. Aber nachdem sie die Worte der Ratsversammlung gehört hatte, kam sie sich eher wie eine Ware vor, die gegen zwei Provinzen eingetauscht wurde. Die Prinzessin bedeckte ihr Gesicht mit den Händen und begann zu schluchzen.

Am Abend ließ der König die Prinzessin zu sich rufen. Er tat sein Bestes, um sie zu trösten und zu ermutigen. Sie senkte den Kopf und hörte ihrem älteren Bruder aufmerksam zu, dessen Pflichten als König es ihm nur selten erlaubten, ihr so viel Zeit zu widmen. Er versicherte ihr, sie könne sich ihr Dienstpersonal selbst aussuchen, und er würde persönlich eine Frau aus Tschampa auswählen, die ihr in den ersten Monaten dort als Übersetzerin dienen könne. Er riet ihr, mit dem Erlernen der Sprache der Tscham sofort zu beginnen, und versprach, unter den Gelehrten in der Hauptstadt einen ausgezeichneten Lehrer für sie auszuwählen. Auch versicherte er ihr, daß er in den kommenden Jahren die Gelegenheit wahrnehmen werde, Tschampa zu besuchen, weil die diplomatischen Beziehungen zwischen Tschampa und Viet nun zweifellos enger werden würden.

Die Prinzessin befragte ihn nach dem Erwerb neuer Gebiete, und König Anh Tong erwiderte, daß der König der Tscham die zwei Provinzen von sich aus als Mitgift angeboten habe, um damit seinen guten Willen und seine feste Absicht zu bekunden, für eine dauerhafte und feste Freundschaft zwischen Tschampa und Viet zu sorgen. Sie solle nicht denken, daß sie gegen Land eingetauscht würde. Daß ihnen die beiden Provinzen überlassen wurden, habe nichts mit der damaligen Entscheidung ihres Vaters zu tun und habe auch keinen Einfluß auf seine heutige Entscheidung. Es sei zwar wahr, daß im Rat einige nur deshalb der Heirat zugestimmt hatten, weil sie mehr Land haben wollten, doch sei der König selbst nur am Glück der Prinzessin interessiert und an der Möglichkeit, auf diese Weise neue diplomatische Perspektiven zu eröffnen.

Prinzessin Wunderjuwel war ihrem Bruder dankbar für seine Worte. In den letzten Jahren hatten ihn die Staatsgeschäfte so stark in Anspruch genommen, daß er kaum Gelegenheit gehabt hatte, sich mit seiner jüngeren Schwester ganz persönlich zu unterhalten. Sie erinnerte sich jedoch genau an eine Begebenheit vor sechs Monaten. Damals hatte der König sie rufen lassen, um ihr ein Buch mit Gedichten und Tuschezeichnungen zu zeigen, das er in seinen seltenen freien Minuten geschaffen hatte. Er hatte es niemand anderem gezeigt und sie gebeten, es geheimzuhalten.

Sie wußte, daß ihr Vater ihrem älteren Bruder, dem König, vertraute. Es stimmte, daß er als junger Mann eine Schwäche für Wein gehabt hatte. Obwohl er dies vor seinem Vater geheimzuhalten versuchte, wurde er schließlich doch einmal auf frischer Tat ertappt. Wunderjuwel war damals acht Jahre alt gewesen. Der Edle Lehrer hatte zu der Zeit schon seine Mönchsgelübde abgelegt und führte ein meditatives Leben auf dem Lande. Eines Tages besuchte er unerwartet und ohne Vorankündigung die Hauptstadt, und an eben diesem Tag hatte König Anh Tong ausgiebig gezecht. Der Edle Lehrer suchte im ganzen Palast nach seinem Sohn, konnte ihn aber nirgends finden. Also bat er einen Palastdiener, im Schlafzimmer des jungen Königs nachzuschauen. Der Diener fand ihn im Bett, so betrunken, daß er unfähig war aufzustehen. Der Edle Lehrer kehrte sofort auf seinen Landsitz zurück und kündigte an, er wolle am folgenden Tag den Vorsitz über eine Vollversammlung des königlichen Kabinetts führen. König Anh Tong aber stand erst am nächsten Nachmittag wieder auf. Als der Palastdiener ihm von dem unerwarteten Besuch des Edlen Lehrers berichtete, eilte der König aus dem Palast. Keine Menschenseele war zu sehen. Beschämt über sein Verhalten ging er zur königlichen Pagode. Dort begegnete er einem Studenten der Universität und bat ihn, eine Bitte um Vergebung zu entwerfen, bevor er sich in aller Eile zur Kabinettssitzung auf dem Landsitz seines Vaters aufmachte. Den ganzen folgenden Tag lang kniete der Student im Regen im Innenhof des Palastes mit des Königs Bitte um Vergebung. Obgleich ihn die Reue seines Sohnes tief berührte, tadelte ihn der Edle Lehrer: „Wenn du es wagst, dich schon zu meinen Lebzeiten so zu verhalten, was wirst du dann erst tun, wenn ich gestorben bin?" König Anh Tong verbeugte sich bis zum Boden und brachte damit zum Ausdruck, daß er sein Verhalten von ganzem Herzen bereute. Von diesem Tag an rührte er nie mehr einen Tropfen Wein an.

Er ließ jedoch nicht von seinen nächtlichen Ausflügen ab. In den ersten Jahren nach seiner Krönung schlich er sich gern nachts heimlich davon, nachdem er sich den ganzen Tag über seinen Staatsgeschäften gewidmet hatte. Der König wollte sich von den Wänden des Palastes ebensowenig einengen lassen wie seine jüngeren Geschwister Prinz Hue und Wunderjuwel. Er wies seine Diener an, ihn in einer Sänfte zu tragen, damit er das Nachtleben der Hauptstadt erforschen könne. Oft lud er königliche Wachen ein, ihn zu begleiten. Einmal besuchte er die Baracke der Soldaten und traf dabei auf eine Horde von Raufbolden, die mit Steinen warfen. Ein Stein traf den König am Kopf, und er fing an zu bluten. Der Diener des Königs brüllte: „Könnt ihr nicht aufpassen? Das ist der König! Fort mit euch!"

Die Unruhestifter zerstreuten sich rasch. Am nächsten Tag sah der Edle Lehrer die Wunde an der Stirn des Königs, fragte ihn, was geschehen war, und schimpfte ihn ordentlich aus.

Während Wunderjuwel jetzt ihren älteren Bruder anschaute, mußte sie an all diese Dinge denken und fühlte sich ihm sehr nahe. Prinz Thuyen war im Jahre 1275 geboren und erst achtzehn Jahre alt, als er zum König gekrönt wurde. Seine Krönung fand im dritten Monat statt. Im neunten Monat starb ihre Mutter. Er kniete neben der Totenbahre der Königinmutter und weinte, bis seine Augen ganz rot waren. Wunderjuwel weinte auch, aber sie konnte nicht umhin zu glauben, daß ihre Mutter bald wieder ins Leben zurückkehren würde. Auch Prinz Hue war untröstlich. Er klagte so laut, daß der Edle Lehrer ihn sanft bei den Schultern nahm und ihn bat, leiser zu weinen.

Ihre Mutter war freundlich, sanft, heiter und geduldig gewesen, und weil sie ihren Untergebenen gegenüber so großzügig gewesen war, wurde sie von allen sehr geliebt. Außerdem war sie bemerkenswert tapfer gewesen. Einmal, als sie und der König zuschauten, wie Athleten mit einem Tiger kämpften, sprang das Tier plötzlich auf das königliche Podium. Die königlichen Bediensteten rannten in panischer Angst davon, doch die Königin hielt ganz gelassen eine Strohmatte hoch, um ihren Gatten und sich zu beschützen. Der Tiger brüllte zwar, griff aber nicht an und sprang dann wieder vom Podium. Bei anderer Gelegenheit schauten der König und die Königin zu, wie Elefanten trainiert wurden, und plötzlich stürmte ein zügelloser Elefant wie wild auf sie los. Wieder flohen alle königlichen Bediensteten und ließen das Königspaar allein. Doch die Königin wich nicht zurück, und der Elefant machte tatsächlich kehrt. Königin Khan Tu war die würdige Tochter von General Tran Hung Dao, der die Mongolen besiegt hatte.

Nach dem Tod Königin Khan Tus wurde ihre jüngere Schwester zur Königinmutter ernannt, und Prinz Hue erhielt, obwohl er erst dreizehn Jahre alt war, seinen vollständigen Titel Hue Vo Vuong. Wunderjuwel erinnerte sich noch, wie lustig es aussah, als er in der formellen Amtsrobe und mit dem schweren königlichen Kopfschmuck ganz feierlich und erhaben einherschritt. Er hielt den Blick gesenkt und war den Tränen nahe. Schließlich war er noch ein kleiner Junge, der gern rannte und umhersprang, kletterte und sich mit anderen balgte. Doch unter den strengen Blicken der Königinmutter wagte er nicht, allzu übermütig zu sein. Schließlich hatte selbst König Anh Tong Angst, seiner Tante zu widersprechen.

Einmal sagte der Edle Lehrer zu König Anh Tong: „Die Beamten am Hofe sprachen einst von mir als einem König, der ein ergebener Sohn sei, aber dir allein gebührt eine solche Bezeichnung.“ Wunderjuwel erinnerte sich, daß ihr Vater ihren älteren Bruder als einen König bezeichnet hatte, der verstehe, daß das Land den Menschen gehöre und daß alle Bürger Teil seiner Familie seien. Trotz der strengen Erziehung durch ihre Tante hatte sich Wunderjuwel ihre Freude am Leben bewahrt. Immer, wenn die Königinmutter nicht da war, spielte sie ganz freizügig. Obwohl ein wenig boshaft, war sie doch nie gemein und deswegen bei den Angestellten im Palast äußerst beliebt. Sie verrieten der Königinmutter nie etwas von ihren harmlosen Streichen. Prinz Hue nahm sie oft mit, so daß sie mit den Kindern anderer Edelleute spielen konnte, und wenn sie ihre Hausaufgaben gemacht hatten, spielten sie oft unter den Kiefern hinter der königlichen Pagode.

Als Wunderjuwel dreizehn Jahre alt war, wurde Prinz Manh, der Sohn von König Anh Tong, geboren. Die Mutter des kleinen Prinzen hatte schon zwei Söhne zur Welt gebracht und war nicht in der Lage, sich um alle drei Kinder zu kümmern. Prinz Manh wurde also einem jüngeren Onkel anvertraut, den Wunderjuwel und Prinz Hue oft besuchten. Wunderjuwel koste gern mit dem kleinen Prinzen, der eines Tages vielleicht König sein würde. Sie kitzelte ihn, um einen kleinen, zukünftigen König lachen zu sehen. Alle diese frühen Erinnerungen brachen jetzt über Wunderjuwel herein.

Als sie vierzehn war, reiste ihr Vater in einer Friedensmission nach Tschampa. Damals konnte sie nicht ahnen, wie sehr diese Reise ihr Leben verändern würde. Nach seiner Rückkehr teilte er Wunderjuwel mit, daß er sie König Harijit zur Frau versprochen habe. Sie wußte, daß eine Tochter nach den Sitten ihres Volkes einer Heirat mit dem Mann zustimmen mußte, den die Eltern für sie ausgewählt hatten. Gehorsam neigte sie den Kopf, denn die Hochzeit schien ja noch in so weiter Ferne. Doch jetzt stand sie hier vor ihrem Bruder, und bis zur Hochzeit waren es nur noch wenige Monate.

Zum ersten Mal verstand Wunderjuwel, wie vollkommen sich ihr Leben dadurch verändern würde, und sie konnte in dieser Nacht nicht schlafen. Am nächsten Morgen bat sie ihre Tante um die Erlaubnis, ihren Vater auf dem Berg Yen Tu zu besuchen. Die Tante ließ eine Sänfte bringen und gestattete ihrer Dienerin Perle, sie zu begleiten. Perle war genauso alt wie die Prinzessin und ebenso groß und schlank.

Als sie so dahingetragen wurde, wanderten Wunderjuwels Gedanken zu ihrem Privatlehrer Herr Van Hue Vuong. Nach ihrem Bruder war er das erste Mitglied des Rates gewesen, das ihrer Hochzeit mit dem König von Tschampa zugestimmt hatte. Er galt im ganzen Palast als der Gelehrteste von allen. Wunderjuwel hatte er immer gern gehabt, und dem Erhabenen Lehrer hatte er oft gesagt, daß sie sehr intelligent sei. Sie wußte, daß seine Zustimmung zur Hochzeit nicht auf der Gier nach mehr Land beruhte. Ihm war in erster Linie daran gelegen, die Wünsche des Edlen Lehrers zu respektieren und das Glück der Prinzessin sicherzustellen. Wunderjuwel hatte ihren Lehrer sehr gern. Sie wußte, daß er ihrem Vater mehr am Herzen lag als seine eigenen Neffen und Vettern. Herr Van Hue Vuong war der Sohn von General Quang Khai, der einen wunderschönen Gedichtband mit dem Titel *Der Weg der Freude* geschrieben hatte. Außerdem hatte er der Invasion der Mongolen tapfer Widerstand geleistet. Seine Leistungen waren mit denen von Tran Hung Dao zu vergleichen, einem Nationalhelden und ihrem Großvater mütterlicherseits. Auch Tran Hung Dao war sowohl ein Gelehrter als auch ein vollendeter Soldat. Herr Van Hue Vuong war ebenso vollkommen wie diese beiden und genoß das Ansehen des ehemaligen Königs. Die Prinzessin erinnerte sich daran, daß ihr Vater Herrn Van Hue Vuong einmal in den Palast geladen und zum Essen dessen Leibgericht Fisch bestellt hatte. Der Edle Lehrer war Mönch und daher Vegetarier, aber es machte ihm große Freude zu sehen, wie sein Freund das Mahl genoß.

Die Königin von Tschampa

Die Straße vom Palast zum Berg Yen Tu war von Kiefern gesäumt, die der Edle Lehrer zehn Jahre zuvor gepflanzt hatte. Es war das erste Mal, daß Wunderjuwel diesen Berg besuchte. Da sie ihrem Vater vollkommen vertraute, wußte sie, daß sein Trost ihr helfen würde. Glücklicherweise war ihr Vater von seiner kleinen Einsiedelei Schlafende Wolken in der Nähe des Gipfels herabgestiegen, um sich bestimmten Angelegenheiten in der Einsiedelei Kleiner Drache zu widmen, die weiter unten am Berg lag. Der Aufstieg dauerte also nicht ganz so lange. Endlich saßen Vater und Tochter zusammen und sprachen miteinander.

„Unser Nachbarreich Tschampa ist nicht, wie anscheinend viele Leute denken, unser Feind", begann der Edle Lehrer. „Tschampa ist eine uralte, mehr von Indien als von China beeinflußte Zivilisation. König Harijit ist ein rechtschaffener und gelehrter Mann. Er kann kein Chinesisch lesen, dafür aber fließend Sanskrit, eine Sprache, die in Tschampa denselben hohen Stellenwert hat wie das Chinesische in unserem Land."

Der Edle Lehrer ließ Wunderjuwel wissen, daß sein siebenmonatiger Aufenthalt bei den Tscham ihm geholfen habe, dieses Land in einem ganz neuen Licht zu sehen. Seine Zuneigung zu König Harijit wuchs, und schließlich betrachtete er ihn wie seinen eigenen Sohn. König Harijit hatte im Jahre 1285 die Thronfolge angetreten. Er hatte eine javanische Prinzessin namens Tapasi geheiratet, die ihm zwei Söhne gebar. Dann aber war Tapasi gestorben. König Harijit war vierzig, zehn Jahre älter als König Anh Tong.

„Die Tscham lieben ihren König", berichtete der Edle Lehrer weiter, „und ich bin sicher, daß sie auch dich lieben werden. Wenn du dich wirklich von ganzem Herzen deiner Aufgabe widmest, kannst du den Grundstein für einen dauerhaften Frieden zwischen Tschampa und Viet legen."

„Schau dir deine Hände an", sprach ihr Vater weiter.

Wunderjuwel hielt ihre linke Hand hoch. Sie hatte ein schmales Handgelenk, und ihre Hand war weich und zierlich. Ihre langen, schmalen Finger waren anmutig wie junge Bambustriebe.

„Schau dir deine Hand genau an. Kannst du mich darin erkennen?"

Da wurde der Prinzessin plötzlich bewußt, daß ihre Hand nur dank ihrer Eltern existierte. Genauso gegenwärtig wie ihre Hand waren ihr Vater und ihre Mutter. Sie hatte ihre Hand noch nie in dieser Weise betrachtet.

„Ja, Vater, ich sehe es."

„Nicht nur deine Mutter und ich sind in deiner Hand gegenwärtig, sondern auch unser ganzes Land und alle Lebewesen. Wo immer du wohnst, wohne ich auch. Wohin du auch gehst, gehe auch ich. Was du auch tust, ich tue es mit dir. Wenn du nach Tschampa gehst, ist das, als ginge ich selbst dorthin. Ich vertraue darauf, daß du unsere beiden Völker davon abhalten wirst, erneut Krieg gegeneinander zu führen."

Aus ihrer Liebe wuchs eine feste Entschlossenheit, die sich tief im Herzen der Prinzessin verwurzelte. Die Worte ihres Vaters wirkten wie kühles Wasser und befreiten sie von allen Spannungen und Ängsten. Ihre Sorgen verschwanden, und innerlich gelobte sie, alles zu tun, was sie konnte, um die Erwartungen ihres Vaters, ihres Bruders und aller Menschen in Viet nicht zu enttäuschen. Zusammen mit ihrem Vater betrat sie die Einsiedelei, und gemeinsam verbeugten sie sich vor dem Altar des Buddha.

Dann stellte der Edle Lehrer ihr einen jungen Mönch namens Phap Loa vor und trug ihr auf, ihn als ihren älteren Dharma-Bruder anzusehen. Phap Loa erklärte, er sei noch ein Novize, werde aber am Vollmond im August seine volle Ordination empfangen. Wunderjuwel konnte sehen, wie sehr ihr Vater diesen Schüler liebte.

Fast unmerklich und schnell ging das Jahr zu Ende, und alle waren mit den Vorbereitungen für das Neue Jahr beschäftigt. Wunderjuwel war neunzehn Jahre alt, und es wurde ihr bewußt, daß dies das letzte Neujahrsfest in ihrem eigenen Land sein würde. König Anh Tong überraschte sie mit der Nachricht, daß ihre Hochzeit erst im sechsten Monat stattfinden werde, statt, wie zuvor geplant, im zweiten. Sie war überglücklich, denn nun hatte sie mehr Zeit, die Sprache der Tscham zu lernen, und mehr Zeit, jede kostbare Stunde in ihrem geliebten Heimatland zu genießen. Da sie intelligent war, lernte sie die Sprache der Tscham sehr schnell. Ihr Lehrer war ein Sanskritgelehrter aus Tschampa. Er lehrte sie das Mahabharata, zuerst auf Vietnamesisch und dann in der Sprache der Tscham. Er war auch Musiker und konnte die fünfsaitige Sitar, die Flöte, die Trommel und das Horn spielen. Er brachte ihr einige Tscham-Lieder und auch mehrere Tscham-Gedichte bei und zeigte ihr Handschriften von Sanskrittexten auf Palmblättern, die sie an die buddhistischen Sutras in der königlichen Pagode erinnerten.

Im sechsten Monat kam eine große Delegation aus Tschampa, um die Braut in ihre neue Heimat zu geleiten.

Zur Abordnung gehörten Fahnen-, Fächer- und Sänftenträger, Musiker und Dienerinnen. Der Edle Lehrer kam aus seiner Einsiedelei auf dem Berg, um seine Tochter zu verabschieden. Bevor sie abreiste, verbeugte sich Wunderjuwel vor ihm, vor der Königinmutter und vor König Anh Tong. Zwei neue Dienerinnen begleiteten sie sowie Perle und Khanh, aber ihren Dolmetscher nahm sie nicht mit, denn sie hatte die Sprache der Tscham inzwischen gut gelernt. Sie nahm nur einen Schrankkoffer voll Kleidung mit und einen voller Bücher, zu denen auch die von ihrem Vater zusammengetragenen buddhistischen Texte zählten, sowie Sammlungen von Gedichten, Literatur und Geschichtsbücher, die sie von ihrem Lehrer, Herrn Van Hue Vuong bekommen hatte.

Zwei Monate lang reisten sie am Tage, und nachts schliefen sie in einer der vielen Unterkünfte, die am Weg lagen und in denen es immer die Möglichkeit gab zu kochen. Eines Tages überquerten sie einen hohen Paß, und Wunderjuwel schaute aus ihrer Sänfte auf die Mischung aus Wolken und Landstrichen, die sich bis in die weite Ferne erstreckten. Es war ein atemberaubender Anblick. Die Prozession verlangsamte ihr Tempo, und als sie sich der Hauptstadt von Tschampa näherten, wurden sie von riesigen Menschenmengen begrüßt. Banner wurden hochgehalten, die Musikanten spielten Sitar, Flöten, Hörner und Trommeln, und selbst das Wetter war heiter und sonnig.

Die Jahreszeiten schienen hier einen Monat weiter zu sein als in Viet, und viele Männer und Frauen waren bereits dabei, den Reis zu ernten. Als der Konvoi an den Reisfeldern vorbeizog, legten alle die Arbeit nieder, um zu schauen. Wenn die Felder an der Straße lagen, kamen die Leute herbeigerannt, um die Prinzessin in ihrer Sänfte zu begrüßen.

Schließlich kündigten die Wächter an, daß sie nun die Hauptstadt betreten würden. Perle und Khanh halfen der Prinzessin bei ihren Vorbereitungen. Wunderjuwel war ängstlich und neugierig zugleich. Sie schaute häufig aus der Sänfte, um zu sehen, was vor sich ging. Manchmal bemerkte sie auf den Gipfeln der Hügel hohe Türme, die ihr von der Architektur her neu und seltsam erschienen. Sie stellte auch fest, daß die Menschen in Tschampa anders gekleidet waren als in Viet. Viele hatten Roben aus zwei- oder dreifarbiger Seide um sich gewickelt, die Wunderjuwel ganz bezaubernd fand. Sie sah funkelnde, weiße Salzsümpfe, die denen im Norden von Viet ähnelten, aber wesentlich größer waren. Auch die Reisfelder glichen denen in ihrer Heimat. Sie sah Dämme, die zur Bewässerung der Reisfelder dienten, und erkannte daran, daß die Landwirtschaft in Tschampa hoch entwickelt war.

Eine große Gesellschaft zog der Prinzessin und ihrem Gefolge aus der Hauptstadt zur Begrüßung entgegen. Mahouts, die bis auf ihre roten Turbane nackt waren, ritten auf den Hälsen der Elefanten, die mit bunten Seidentüchern behängt waren. Soldaten marschierten in farbenprächtigen Uniformen neben den Elefanten her. Als die Elefanten zum Stillstand gekommen waren, half man der Prinzessin aus ihrer Sänfte in eine andere, die von Elefanten getragen und von einem dreifachen Sonnenschirm überdacht wurde. Musik erfüllte die Luft, und die Menge drängte sich, um einen Blick auf die Prinzessin werfen zu können. Am Nachmittag kam die Prozession schließlich in der Hauptstadt an. König Harijit erschien persönlich, um die Prinzessin zu begrüßen. Die Elefanten, die die Sänfte mit der Prinzessin trugen, knieten nieder, und Dienerinnen halfen der Prinzessin beim Aussteigen.

Als sie aufschaute, sah Wunderjuwel einen großartigen, gänzlich aus Stein und Ziegeln erbauten Palast. Zwei Reihen von Elefanten und Löwen aus Stein säumten den Innenhof. Soldaten standen Spalier, als der König kam. Die Prinzessin legte ihre Handflächen aneinander und beugte ihren Kopf zu dem in Viet traditionellen Gruß. Der König erwiderte ihren Gruß. Er war größer als König Anh Tong, athletisch gebaut und dunkelhäutig. Seine seidene Robe war mit goldenen Fäden bestickt, und sein weißer Kopfschmuck, ebenfalls aus Seide, war mit vielen Blumen aus glänzendem Stoff geschmückt. Ein Diener stand hinter dem König und gab ihm mit einem Sonnenschirm Schatten. Der König drehte sich um und bedeutete seinem Gefolge, die Prinzessin in den Palast zu geleiten, wo man ihr Erfrischungen reichte.

Die folgenden Tage waren von geschäftigem Treiben erfüllt. Strahlende Laternen und Blumengirlanden wurden im Palast und in der ganzen Stadt aufgehängt. Riesige Menschenmengen wohnten der Krönungszeremonie der Prinzessin bei. Es war ganz offensichtlich, daß die Menschen ihren König zutiefst respektierten und liebten. König Harijit ließ eine Stele aufstellen, um das Ereignis für die Nachwelt festzuhalten. Die Feierlichkeiten dauerten drei Tage und Nächte, und die Musik hallte im ganzen Palast wider. Am ersten Abend führte eine Gruppe Schauspieler und Sänger bei strahlendem Fackellicht im Innenhof des Palastes das Mahabharata auf. Dazu hatte sich eine große Menschenmenge eingefunden, und der König saß mit der Königin auf einem überdachten Podium. Am zweiten Abend spielte eine Gruppe von Sängern das Ramayana. Da Wunderjuwel die Geschichte nicht kannte, erklärte der König sie ihr während der Vorstellung. Am dritten Abend führte eine

Gruppe von Tänzern Volkstänze der Tscham vor. Ihre Kleidung war weniger anmutig als die der Tänzer in Viet, aber dafür waren ihre nackten Arme, Beine, Hälse und Bäuche mit Perlenschnüren geschmückt. Ihre Bewegungen, ganz besonders die ihrer Arme, waren gewandt und geschmeidig. Wunderjuwel war zunächst etwas befremdet, aber schon bald war sie fasziniert von der einzigartigen Schönheit der Tscham-Tänze.

In dem Augenblick, in dem Wunderjuwel dem König Harijit in die Augen gesehen hatte, wußte sie, wie besonders er war. Er war sichtlich erfreut, daß sie ihre ersten Worte an ihn in der Sprache der Tscham sprach. Wunderjuwel hatte die Aussprache dieser ersten Sätze sehr sorgfältig mit ihrem Lehrer geübt. Als gerade niemand anderes dabei war, sagte ihr der König, sie könne ihn bei seinem Vornamen Harijit nennen.

Schnell blühte die Liebe im Herzen der Prinzessin auf. Harijit vernachlässigte seine Staatsgeschäfte nie, aber seine freie Zeit verbrachte er immer mit der Königin. Da Khanh und Perle die Sprache der Tscham kaum verstanden, konnten sie Wunderjuwel nur wenig behilflich sein. Oft mußten sie sogar die Königin bitten, für sie zu übersetzen. Wunderjuwel bat um einen Lehrer für ihre beiden Dienerinnen, der ihnen die Sprache beibringen sollte, bis sie in der Lage waren, sich gut mit allen anderen im Palast zu verständigen. Die neue Königin besuchte alle Winkel des Palastes und erkundigte sich nach der Funktion jedes einzelnen Zimmers. Schon bald begann sie, das Leben im Palast zu organisieren.

Der König begab sich oft auf Inspektionsreisen, um mit dem Volk in Kontakt zu bleiben, und Wunderjuwel begleitete ihn häufig. Er zeigte ihr die vier berühmten Türme der Hauptstadt und auch den hohen Turm Op Klaung Garai, den er unlängst in Auftrag gegeben hatte und mit dem er sehr zufrieden war. Auf dem hohen Turm schwebten dreißig reich geschmückte Dächer. Er sagte ihr, er habe auch noch den Bau eines neuen Turmes auf dem Darlat-Plateau in Auftrag gegeben.

Alle Türme, die Wunderjuwel besuchte, beherbergten das heilige Linga, einen schlichten, säulenartigen Stein, der auf einer Steinplatte ruhte, die Yoni genannt wurde. Das Linga symbolisiert das männliche und die Yoni das weibliche Prinzip. Der König erklärte Wunderjuwel, daß der Linga-Stein immer im Zentrum eines Turmes aufgestellt werde und daß diese Symbole aus der Hindureligion stammten. Wunderjuwel lernte, daß die hinduistische Trinität aus drei Gottheiten besteht: Brahma, Vishnu und Shiva, und daß Brahma der Schöpfergott ist. „Früher", sagte Harijit, „waren sehr viele Menschen Anhänger des Buddhismus, aber jetzt sind zwei Drittel unserer Bevölkerung Hindus." Da er wußte, daß die Prinzessin Buddhistin war, zeigte er ihr eine große Pagode, in der sie die buddhistischen Rituale durchführen konnte.

In Tschampa wurde eine Pagode Vihara genannt, und die Mönche trugen safrangelbe Gewänder im Gegensatz zu den braunen Roben der Mönche in Viet. Wunderjuwel bemerkte, daß sich im zentralen Schrein neben der Statue des Buddha auch eine des Bodhisattvas der Barmherzigkeit befand. In Tschampa hieß er Lakshmindra-Lokeshvara. Der oberste Mönch des buddhistischen Tempels erzählte der Königin, daß es in der alten Hauptstadt Indrapura im nördlichen Tschampa südlich vom Wolkenpaß ein großes buddhistisches Kloster gebe. Es sei vor mehr als vierhundert Jahren gegründet worden und beherberge gegenwärtig zweihundert Mönche. Unglücklicherweise sei das Kloster schlecht erbaut worden und müsse dringend restauriert werden. Wunderjuwel blieb im Tempel, um dem Gesang der Mönche zu lauschen. Die Rezitation fand in Sanskrit statt, und sie erkannte das Gebet „Göttlicher Beschützer", das sie auswendig gelernt hatte, obwohl die Viet Sanskrit ganz anders aussprachen als die Tscham.

Was Wunderjuwel an den Reisen mit ihrem Ehemann besonders gefiel, war die Tatsache, daß sie auf diese Weise in Kontakt mit der Landbevölkerung kam. Sie besuchte Reisfelder, Salzsümpfe, Seidewebereien und Fischerdörfer. In den Küstengewässern von Tschampa gab es sehr viele Fische, und die Fischer von Tschampa waren sehr geschickt. Sie bauten sich leichte Boote, die schnell über das Wasser glitten. Die Menschen in den Küstenregionen waren ausgezeichnete Schwimmer und erfahrene Seefahrer, und das erklärte, warum Tschampa eine so starke Seemacht war. Harijit erläuterte, daß die Soldaten mit Reis und Kleidung bezahlt würden. In Friedenszeiten erbauten sie Ziegelwälle, Dämme und Wachttürme aus Stein, um die Bewohner im östlichen Teil von Tschampa zu beschützen. Auf ihren Reisen konnte Wunderjuwel direkt mit Fischersleuten, Weberfrauen und Kindern sprechen. Die meisten Menschen gingen barfuß, denn nur die Reichen konnten sich Schuhe leisten. Meist waren die Leute in ein Seidentuch gekleidet, das sie um sich herumwickelten. Frauen und junge Mädchen durchbohrten ihre Ohrläppchen und trugen silberne Ohrringe. Ältere Menschen trugen ihr Haar in einem Knoten. Die Häuser in Tschampa waren aus Ziegelsteinen gebaut und mit Kalk verputzt. Sie waren stabiler als die Häuser auf dem Land in Viet. Die Häuser der reicheren Bürger hatten robuste flache Dächer.

Wunderjuwel stellte fest, daß viele Kinder an Augeninfektionen litten. Sie bat Harijit, Medizin nach einem ihr bekannten Rezept der Viet anfertigen zu lassen. Diese Augenmedizin nahm sie auf all ihre Reisen mit, und wo immer sie Kindern mit entzündeten Augen begegnete, ließ sie deren Augen mit warmem Salzwasser auswaschen. Dann verabreichte sie ihnen persönlich die Medizin. Der König wartete immer geduldig, während sie die Kinder behandelte. Wunderjuwel war glücklich und zufrieden mit ihrem neuen Leben. In Viet hatte sie nur selten die Erlaubnis bekommen, den Palast zu verlassen, und immer wenn sie entlegene Distrikte besucht hatte, war es ihr nicht gestattet gewesen, direkt mit den Leuten in Kontakt zu treten oder mit den Kindern zu spielen.

Harijit erzählte Wunderjuwel, daß es einst zwei Herrscherfamilien in Tschampa gegeben habe: die Kokospalmen-Sippe und die Betelpalmen-Sippe. Jahrhundertelang kämpften diese beiden Familien gegeneinander, und jede versuchte, die Oberhand zu gewinnen. Viel Blut wurde vergossen, bevor man sich auf einen Kompromiß einigte. Die Kokospalmen-Sippe behielt den Norden und gründete eine Hauptstadt in der Nähe des Wolkenpasses, die sie Indrapura nannte. Die Betelpalmen-Sippe herrschte über die südliche Region Paduranga.

Das Neujahrsfest fand in Tschampa genau zwei Monate früher statt als in Viet. In Vijaya, der Hauptstadt von Tschampa, wurde eine großartige Feier organisiert. Vor dem Palast bauten königliche Diener ein riesiges Zelt für die religiösen Zeremonien auf, das eintausend Menschen Platz bot. Überall hingen Lampen und Blumen. Am Neujahrsabend saßen der König und die Königin auf einem hohen Podium und beobachteten ein herrliches Feuerwerk, das so laut dröhnte, daß die ganze Stadt vor donnernden Kanonenschüssen gleichsam erzitterte. Die verschiedensten Wettkämpfe wurden organisiert: Bootsrennen, das Erklimmen von Stangen, Ringkämpfe, Hahnen- und Elefantenkämpfe. Außerdem fanden Tanz-, Gesangs- und Theateraufführungen statt.

Harijit nahm Wunderjuwel zu allen Feierlichkeiten mit, und sie stellte mit Erstaunen fest, daß sie einige Melodien kannte. Dann erinnerte sie sich, daß ihr Lehrer gesagt hatte, in der Ly-Dynastie seien Lieder und Tänze von Tschampa nach Viet gebracht worden. Der König erläuterte ihr die verschiedenen Gesangsstile. Die Leute auf dem Land spielten eine zweisaitige Lyra, die der Lyra in Viet ähnelte. Auch die Trommeln waren ähnlich. Jeden Abend fand eine Veranstaltung in dem großen, überfüllten Zelt statt, in dem die Menschen dicht gedrängt in zwei Kreisen saßen. Die Neujahrsfeierlichkeiten dauerten insgesamt zehn Tage.

Wenn er nicht mit seinen Staatsangelegenheiten beschäftigt war, saß Harijit bei Wunderjuwel und erzählte ihr die Geschichte von Tschampa. Schon von frühester Kindheit an lernte die Prinzessin leidenschaftlich gern, und so lauschte sie voller Aufmerksamkeit allem, was der König zu sagen hatte. Harijit war von ihrem aufrichtigen Interesse berührt, und es fiel ihm leicht, seine tiefsten Gedanken mit ihr zu teilen. Er erzählte ihr, wie er mit König Indravarman die Widerstandsbewegung gegen die mongolische Armee angeführt hatte, noch bevor Wunderjuwel überhaupt geboren war. Sie war 1286 geboren worden, kurz nach dem Sieg der Viet über die mongolischen Streitkräfte. 1283 hatte, wie Harijit erzählte, der König der herrschenden mongolischen Dynastie in China General Tao Do den Befehl erteilt, in Tschampa einzufallen. Tao Do wollte durch Viet marschieren, aber der König, Wunderjuwels Vater, hatte das nicht erlaubt und ihn damit gezwungen, den Seeweg einzuschlagen. Mehr als eintausend Schiffe segelten von Quang Chau an die Küsten von Tschampa. Damals war Kronprinz Harijit erst achtzehn Jahre alt gewesen, aber seine unerschütterliche Entschlossenheit, die Eindringlinge zu besiegen, ließ ihn zum Herzen des Widerstandes werden. Nicht umsonst bedeutet Harijits Name „Siegreicher Löwe". Er befahl, alle Kornspeicher zu verbrennen, rief die Soldaten zusammen und trainierte sie in dem bewaldeten Gebirge. Die Armee des Tao Do erlitt hohe Verluste. Die mongolischen Verstärkungstruppen unter der Leitung von O Ma Nhi wurden an der Grenze zwischen China und Viet aufgehalten. Dann marschierte 1286 Toghon, der Sohn des Kublai Khan, nach Viet ein. Tao Do erhielt den Befehl, seine restlichen Truppen aus Tschampa abzuziehen, sie nach Norden zu führen und Toghon zu unterstützen. Auf diese Weise geriet Tschampa nicht unter das Joch der Mongolen.

Jetzt erzählte Wunderjuwel vom Widerstand der Viet gegen die Invasion der Mongolen. Herr Van Hue Vuong hatte ihr in allen Einzelheiten von diesem historischen Ereignis berichtet. Er selbst hatte den Einmarsch der Mongolen miterlebt und kannte daher alle Helden des Widerstandes persönlich. Harijit hörte ebenfalls sehr aufmerksam zu und unterbrach Wunderjuwel nur gelegentlich mit einer Zwischenfrage. Sie erzählte ihm, daß ihr Onkel und der Vater ihres Lehrers Helden des Widerstandes gewesen waren.

Von Harijit erfuhr Wunderjuwel auch, wie oft Tschampa von den Khmer und den Viet besetzt worden war. 1145 marschierten die Khmer nach Tschampa ein, besetzten die Hauptstadt Vijaya und beherrschten das Land vier Jahre lang. Zweiunddreißig Jahre später rächten sich die Tscham, indem sie Angkor, die Hauptstadt der Khmer, besetzten. Sie töteten den König und herrschten vier Jahre lang in Khmer. 1203 fiel der König der Khmer wieder in Tschampa ein, und daraufhin war das Land viele Jahre lang in Provinzen aufgeteilt, die von den Khmer beherrscht wurden. Erst nach heftigen Kämpfen gewannen die Tscham ihre Unabhängigkeit zurück.

Auch Viet hatte viel Unglück über Tschampa gebracht. Ende des zehnten Jahrhunderts war Le Hoan, der König von Viet, nach Tschampa einmarschiert und hatte die Hauptstadt Indrapura besetzt. Er steckte die Stadt in Brand und zerstörte die Stadtmauern, den Festungsgraben, die Grabmäler der Könige und die Tempel. Er entführte einhundert königliche Mägde und erbeutete gewaltige Mengen an Gold und Silber sowie viele wertvolle Gegenstände. Der König von Tschampa war gezwungen, in den Süden zu fliehen. Zu der Zeit wurde die neue Hauptstadt Vijaya im Süden gebaut. Eine weitere Invasion der Viet folgte im Jahre 1044. Der König der Tscham wurde getötet, dreißig Elefanten wurden erbeutet und fünftausend Männer gefangengenommen. Als die Streitkräfte der Viet in Vijaya ankamen, nahmen sie die Königin von Tschampa sowie den königlichen Harem gefangen und entführten sie nach Viet. Zivilisten wurden erbarmungslos niedergemetzelt und ihre Leichen auf den Feldern zurückgelassen.

Während der Ly-Dynastie fiel der König der Viet erneut in Tschampa ein, eroberte Vijaya und nahm fünfzigtausend Soldaten gefangen. Der König der Viet befahl seinen Generälen, den König der Tscham zu verfolgen. Dieser wurde schließlich nahe der Grenze gefangengenommen, nach Viet gebracht und freigelassen, nachdem er versprochen hatte, die drei nördlichsten Provinzen von Tschampa an Viet abzutreten. Zu den grausamsten Aktionen dieser Invasion gehörte, daß sämtliche Wohnhäuser in Vijaya von den Soldaten der

Viet in Brand gesteckt und dadurch vollkommen zerstört wurden.

Wunderjuwel verbarg ihr Gesicht in den Händen und weinte. Sie hätte nie gedacht, daß die Geschichte von Viet und Tschampa so voll von Kummer war. Als Kind hatte sie zwar oft gehört, wie die Leute vom Krieg zwischen Tschampa und Viet sprachen, aber man hatte sie immer glauben gemacht, daß die Tscham die Angreifer gewesen seien. Sie verstand, daß die Viet das Recht hatten, Provokationen und Belästigungen an der Grenze zwischen Tschampa und Viet zurückzuweisen, hätte aber nie gedacht, daß die Viet regelrecht nach Tschampa eingefallen waren. Vielleicht hatten die Tscham bisweilen tatsächlich kriegerische Provokationen herbeigeführt, aber nun begriff sie, daß dies eine Reaktion auf Jahrhunderte von provozierten Angriffen war. Die Tscham konnten nicht einfach vergessen, daß Teile ihres Landes unrechtmäßig von den Viet besetzt worden waren.

Wunderjuwel erkannte das Verlangen ihres Landes, seine Grenzen nach Süden hin auszudehnen in aller Deutlichkeit. Sie mußte an die beiden Provinzen denken, die Viet als Mitgift bekommen hatte. Ihr Vater und König Anh Tong waren zwar nicht von dem Gedanken an Landgewinn beeinflußt gewesen, aber andere Persönlichkeiten am Hofe waren es doch nur allzu deutlich. Der Innenminister hatte überhaupt nur aus solchen Motiven heraus ihrer Heirat zugestimmt.

Sie war erst ein paar Monate in Tschampa, und doch fühlte sie sich bereits wie eine Einheimische. In ihren Adern floß zwar vietnamesisches Blut, aber sie liebte die Menschen in Tschampa ebenso sehr wie die in Viet. Sie erkannte, daß ihre Schmerzen, ihr Kummer und ihre Wünsche die gleichen waren. Ihr Herz öffnete sich für beide Völker.

Als ihr Vater in Tschampa gelebt hatte, war mit ihm dasselbe geschehen. Er fing an, die Tscham ebenso zu lieben wie seine eigenen Landsleute. Er hatte das Herz eines wahren Sohnes des Buddha, und jetzt schlug Wunderjuwels Herz im Einklang mit seinem. Ihr Herz und das Herz ihres Vaters waren eins, und sie erkannte nun, wie wichtig ihre Mission war. Sie konnte helfen, die Basis für einen dauerhaften Frieden zwischen Viet und Tschampa zu schaffen und auf diese Weise weitere Zerstörungen zu vermeiden.

Wunderjuwel wischte sich die Tränen aus dem Gesicht, schaute zu ihrem Mann auf und erzählte ihm, was ihr gerade durch den Kopf gegangen war. Sichtlich berührt nahm er ihre Hände in seine. Er hatte das Gefühl, das Wertvollste zu halten, das er besaß.

Ein paar Monate später fühlte sich Wunderjuwel unwohl. Der König rief den Hofarzt, und dieser erklärte, die Königin sei schwanger. Harijit war überglücklich. Er verwöhnte und liebte Wunderjuwel jetzt noch mehr als zuvor. Sie wollte einen Jungen bekommen, der die Linie ihres Vaters und die von Harijit fortführen könne. Sie wußte natürlich, daß es ihrem Sohn nicht bestimmt war, König von Tschampa zu werden, denn es gab schon zwei Prinzen, und der ältere der beiden war bereits als Kronprinz vereidigt worden. Er hieß Harijitputra, was soviel bedeutet wie „Sohn des siegreichen Löwen“. In seinen Adern floß javanisches Blut und das Blut der Tscham. Wunderjuwel hatte schon öfter mit ihm gesprochen und fand ihn sehr liebenswert. Er war zweiundzwanzig, also älter als sie, aber er behandelte sie äußerst respektvoll. Bei all ihren Zusammenkünften versuchte die Königin, Samen der Freundschaft im Herzen des Prinzen zu säen.

Harijit erklärte Wunderjuwel, er wäre ebenso glücklich über einen Sohn wie über eine Tochter. Als sie ihm zu verstehen gab, daß sie auf einen Sohn hoffte, dachte er nach und erwiderte: „Wenn du einen Sohn bekommst, werden wir ihn Dayada nennen. Das bedeutet ‚Abkomme', ‚Erbe' oder ‚einer, der die Linie fortsetzt'". Wunderjuwel war äußerst zufrieden.

Das vietnamesische Neujahrsfest rückte allmählich näher. Die Königin baute mit Hilfe von Perle und Khanh einen Altar für die Ahnen im Palast auf, um am Neujahrstag die traditionellen Opferzeremonien durchführen zu können. Die traditionelle Feier des Neujahrs in Viet unterschied sich von der in Tschampa, und Wunderjuwel hatte plötzlich Heimweh wie nie zuvor. Sie bat Khanh, die nötigen Zutaten für den traditionellen „Erde-und-Himmel-Kuchen" zusammenzutragen, und am Neujahrsabend blieb Wunderjuwel die ganze Nacht mit ihren Dienerinnen wach. Wie drei sich nahestehende Schwestern erzählten sie einander von all den Neujahrsfesten der Vergangenheit, und obwohl die beiden Dienerinnen Wunderjuwel mit „Majestät" anredeten, fühlten sie sich ihr ebenbürtig. Als die Zeit für das Opfer an die Vorfahren gekommen war, beteten Wunderjuwel und ihre beiden Freundinnen nach Norden gewandt. Sie dachte an ihren Vater und an all ihre Lieben daheim in Viet. In dem Moment kam es den drei Frauen vor, als könnten sie ihr Heimatland berühren.

Wunderjuwel versprach Khanh, sie könne im Sommer nach Viet zurückkehren, um zu heiraten. Perle jedoch wollte an der Seite der Königin bleiben. Sie sagte, die Königin glücklich zu machen, sei das einzige, was sie selbst glücklich machen könne. Sie fühle sich wie eine jüngere Schwester, die ihrer älteren Schwester dient. Als die Königin sie auf ihre Heiratspläne hin ansprach, schüttelte Perle nur den Kopf und lächelte. Sie könne ja einen Mann aus Tschampa heiraten, wenn das bedeute, daß sie dann bei der Königin bleiben dürfe.

Bald darauf hatte Wunderjuwel die Devanagari-Schrift gelernt und konnte nun die buddhistischen Sanskrit-Texte im Original lesen. Sie lernte auch die demotische Schrift, in der die Sprache der Tscham geschrieben ist und die wie die Devanagari-Schrift von links nach rechts gelesen wird und nicht von oben nach unten wie die chinesische Schrift in Viet. Die demotische Schrift brachte sie auch Perle bei, denn die Devanagari-Schrift war den Gelehrten und dem Adel von Tschampa vorbehalten.

Einen Tag nachdem Harijit und Wunderjuwel von einer Reise zurückgekehrt waren, auf der sie den Bau des Turmes auf dem Po-Klaung-Garai-Berg besichtigt hatten, bekam König Harijit plötzlich Fieber. Sein Arzt diagnostizierte eine Grippe und beauftragte die Palastangestellten, ihn zu massieren. Die Königin bereitete eigenhändig einen Reisbrei zu, den sie Harijit zu essen gab. Nachdem er eine halbe Schüssel gegessen hatte, brach er in Schweiß aus, fühlte sich danach allerdings ein wenig besser. Aber am nächsten Morgen hatte er erneut einen Fieberanfall. Das Fieber stieg immer höher, und der König klagte über Leibschmerzen, als wäre er verprügelt worden. Wieder wurden die Ärzte gerufen. Der König hatte so hohes Fieber, daß er anfing zu fantasieren, und Wunderjuwel befürchtete das Schlimmste. Die Leibärzte bemühten sich drei Tage lang um den König, aber dann fiel er in ein Koma. Sie öffneten seinen Mund gewaltsam und zwangen ihn, Medizin zu trinken, aber das Fieber senkte sich nicht. Drei Nächte lang wich die Königin nicht von seiner Seite. Perle und Khan boten sich an, ihre Stelle einzunehmen, und baten sie inständig, sich auszuruhen, aber die Königin weigerte sich. Andere Ärzte, darunter auch einige aus Indien, wurden zur Konsultation in den Palast gerufen, doch sie alle schüttelten nur den Kopf. Obwohl die Symptome der Krankheit dem Typhus ähnelten, brachte die entsprechende Medizin keine Besserung.

Spät in der Nacht am siebten Tag des fünften Monats starb der König.

Prinz Dayada

König Harijit starb, ohne einen letzten Willen oder ein Testament zu hinterlassen. Der königliche Rat kam zusammen und beschloß, den Kronprinzen Harijitputra zu inthronisieren, noch bevor man den Tod des Königs bekanntgab. Am nächsten Morgen fand die feierliche Krönungszeremonie im Palast statt, und Harijitputra erhielt den Titel Jayasimhavarman IV. Dann wurde der Tod des Königs bekanntgegeben, und die Hauptstadt fiel in tiefe Trauer. Die Menschen strömten in den Palastbereich, rissen sich die Haare aus, schlugen sich vor die Brust und weinten laut aus Trauer um ihren König Harijit, den Helden des Widerstandes gegen die Mongolen, den Herrscher, den sie zwanzig Jahre lang verehrt hatten.

Alle Ausflüge und Feierlichkeiten wurden abgesagt. Sieben Tage und Nächte lang strömten die Menschen ununterbrochen herbei, um ihrem verstorbenen König die letzte Ehre zu erweisen. Am Morgen des achten Tages gingen mehr als einhunderttausend Menschen in einer Prozession hinter ihrem neuen König zum Verbrennungsplatz. Sie begleiteten den Leichnam König Harijits, der in einer großen, von einem Sonnenschirm überdachten Sänfte auf dem Rücken eines weißen Elefanten lag. Einhundert Elefanten folgten ihm, jeder mit einer seidenen Decke. Zu beiden Seiten der Sänfte marschierten Soldaten mit Brustpanzern aus Rohrstöcken. In einer weiteren Sänfte saßen Wunderjuwel und die königlichen Konkubinen.

Nach den Sitten in Tschampa mußten die Konkubinen zusammen mit dem König verbrannt werden, um ihn ins nächste Leben zu begleiten. Herr Van Hue Vuong hatte Wunderjuwel den Brauch der Witwen- und Konkubinenverbrennung erklärt. Er wird Sati genannt und stammt aus Indien. Herr Van Hue Vuong hatte ihr gesagt, daß dieser Brauch in Viet seit langem abgeschafft sei, in Tschampa jedoch noch praktiziert würde. In Viet war Sati in der Ly-Dynastie noch praktiziert, aber zur Zeit der Tran-Dynastie abgeschafft worden. Dennoch hatte es immer wieder königliche Konkubinen gegeben, die sich freiwillig mit dem König hatten einäschern lassen. Wunderjuwel wußte, daß dies eines Tages ihr Schicksal sein würde, aber sie hatte kaum darüber nachgedacht. Gewiß hatte sie nicht erwartet, daß es schon so bald geschehen würde. Da sie schwanger war, würde sie jedoch erst nach der Geburt ihres Kindes verbrannt werden.

Der Scheiterhaufen war am Meeresufer aufgeschichtet worden. Gewöhnliche Sterbliche wurden am Tag nach ihrem Tod verbrannt, wichtige Regierungsbeamte drei Tage nach dem Tod, aber bei einem König mußte man sieben Tage warten. Schließlich erreichte die Prozession den Scheiterhaufen aus Sandelholz. Trommeln und Hörner erklangen, und die Menschen klagten immer lauter, als die Totenbahre abgesetzt und dann langsam auf den Scheiterhaufen gehoben wurde. Der Leichnam war sorgfältig in ein Leichentuch gewickelt worden, das man mit duftenden Ölen getränkt hatte. Hinduistische Priester begannen, das Ritual in Sanskrit zu singen. Es schallte weithin über den Strand, als Zehntausende von Menschen mitsangen. Schließlich wurde das Feuer zu einem Crescendo von Trommeln, Trompeten und Hörnern angezündet. Wunderjuwel konnte es nicht über sich bringen, zum brennenden Scheiterhaufen hinüberzuschauen. Sie hatte Angst zu sehen, wie die königlichen Konkubinen in den Tod geführt wurden. Wunderjuwel nahm alles wie in einem Traum wahr. Noch vor einer Woche hatte sie Harijit mit Reisbrei gefüttert, und nun brannte sein lebloser Körper auf dem Scheiterhaufen. Sie wollte weinen, konnte es aber nicht. Sie wußte, daß auch ihr Körper jetzt brennen würde, trüge sie nicht das Lebensblut von Harijit in ihrem Schoße. Diese Erkenntnis brachte sie abrupt aus ihrem Traumzustand heraus. Sie hatte das Gefühl, ihr ganzes Leben sei zerschlagen, ein Leben, mit dem sie die Bande des Friedens und der Freundschaft zwischen Tschampa und Viet stärken wollte. Wunderjuwel hob ihre linke Hand und schaute sie an. Sie mußte daran denken, wie sie mit ihrem Vater am Ufer des Flusses gesessen hatte, der an der Einsiedelei Kleiner Drache vorbeifließt.

„Diese Hand", dachte sie, „ist die Hand meiner Mutter und meines Vaters. In dieser Hand wurde mir meine gesamte Familie anvertraut. Aber was hat diese Hand vollbracht, die schon so bald auf dem Scheiterhaufen verbrennen wird?"

Ihre Gedanken wanderten zu dem Kind in ihr. Wird unser Kind ein Mädchen oder ein Junge? Sie wußte, sie würde in der Hand dieses Kindes gegenwärtig sein, gerade so, wie ihre Eltern in ihrer. Sie würde die Hand ihrer Eltern und all ihrer Vorfahren an eine zukünftige Generation weitergeben. In dieser Gewißheit, glaubte sie, könne sie in Frieden den Scheiterhaufen besteigen. Mit dem Wissen, daß sie ein Kind zur Welt gebracht hatte, würde sie es nicht bereuen, ihr eigenes Leben hinzugeben.

Wunderjuwel fragte sich: „Welchen Sinn hat es für mich, jetzt, da Harijit tot ist, am Leben zu bleiben?" Sie liebte den tapferen König, und auch er hatte sie zutiefst und aufrichtig geliebt. Sie hatte ihr Glück in dieser Liebe gefunden, einer Liebe, die nur kurze Zeit währte, aber doch ganz tief war. Das Kind in ihrem Leib war der Beweis dafür. Nein, sie würde ihrem eigenen Leben nicht nachtrauern, aber ihr Herz schmerzte wegen ihres Kindes, das ohne seine Mutter aufwachsen würde. Es würde im Palast des Königs von Tschampa groß werden und kaum etwas über seine Mutter wissen, außer, daß sie eine Prinzessin aus Viet war. Ihr Kind würde nie die Sicherheit und Liebe ihrer Umarmung kennen, würde nie die wohlriechende Wärme einer Mutter aus Viet erfahren. Wessen Kummer würde größer sein, der des Kindes oder ihr eigener?

Wunderjuwel fühlte nun zwei stechende Schmerzen. Der eine, weil sie Harijit verloren und ihr Leben ohne ihren Mann keinen Sinn hatte. Dieser Kummer würde jedoch bald auf dem Scheiterhaufen verbrennen. Ihr Fleisch und ihr Kummer als Witwe, beide untrennbar miteinander verbunden, würden gemeinsam zugrunde gehen. Aber der andere Schmerz, dieses Wissen, daß ihr Kind weder Vater noch Mutter haben würde, brannte so tief in ihr, daß sie das Gefühl hatte, er würde, selbst wenn ihr Körper zu Asche verbrannt war, für immer wie ein schwerer Stein zurückbleiben.

Das Feuer loderte auf. Hörner, Trommeln und Trompeten ertönten. Wunderjuwel bemerkte schattenhafte Formen, die einen rituellen Tanz um den Scheiterhaufen aufführten, um die Seele des Königs in die nächste Welt zu geleiten. Riesige Menschenmengen knieten vor dem Scheiterhaufen und rezitierten Mantras. Jeder im Lande Tschampa, ob alt oder jung, Mann oder Frau, wußte, daß Harijit, der geliebte König, dort auf dem Scheiterhaufen lag. Das ganze Land trauerte, und einige Menschen würden sicherlich für den Rest ihres Lebens trauern.

Als das Feuer erlosch, wurde die Asche des Königs Harijit gesammelt, in einem golden Gefäß versiegelt und mit einem königlichen Schiff aufs Meer gebracht. Fackeln wurden angezündet, und Hunderte von kleineren Booten folgten dem königlichen Schiff hinaus aufs Meer. Wunderjuwel wurde auf ein Boot geführt, das das königliche Schiff begleitete. Wieder schwoll der Klang der Gesänge an. Als die Boote das offene Meer erreicht hatten, wurde eine Zeremonie durchgeführt, und das Gefäß mit der Asche des Königs wurde im Wasser versenkt. Hörner und Trompeten erschollen in klagendem Ton. Mit einem feierlichen Trommelwirbel wurden am Ende der Zeremonie weiße Blüten ins Meer geworfen. Und die Boote kehrten langsam zum Ufer zurück.

Wunderjuwel schaute beim flackernden Licht der Fackeln zu, wie die weißen Blüten auf den Wellen tanzten. „Für immer getrennt, Harijit, für immer getrennt", flüsterte sie. Dann drehte auch ihr Boot um und kehrte ans Ufer zurück. Sie blickte zum östlichen Horizont und fühlte die gewaltige Größe des Ozeans. Dann rezitierte sie für ihren Mann das Herz-Sutra.

Der König war im fünften Monat gestorben. Khanh weigerte sich, in diesem Sommer nach Viet zurückzukehren. Sie sagte, sie wolle bei der Königin bleiben, bis diese ihr Kind zur Welt gebracht hatte. Wunderjuwel wurde zusehends schmächtiger, und König Harijitputra riet ihr, besser auf ihre Gesundheit zu achten. Er vertraute ihr an, daß es bei den Tscham zwar Tradition sei, die Königin gemeinsam mit dem König einzuäschern, daß er aber von ganzem Herzen wünsche, er könne es verhindern. Aber nicht einmal er wagte es, die alten Traditionen des Königreiches herauszufordern. Die Menschen liebten sie ebenso wie Harijit, aber sie wollten auch nicht, daß ihr König in der nächsten Welt allein sei.

König Harijitputra ließ Wunderjuwel wissen, daß er ihre Kremation hinauszögern könne, nicht nur bis zur Geburt ihres Kindes, sondern möglicherweise bis zum Besuch eines Gesandten aus Viet. Wunderjuwel dankte dem König und versicherte ihm, daß sie sich vor ihrer Einäscherung nicht fürchte. Sie bat ihn, sich zu beruhigen, und brachte ihren Wunsch zum Ausdruck, er solle unverzüglich die Krönungszeremonie seiner neuen Königin vorbereiten. Harijitputra gewährte ihr diesen Wunsch. Zehn Tage später säumten Blumen und Lampen die Straßen, und die Krönungsfeierlichkeiten begannen. Und so wurden in nur einem Jahr zwei Königinnen von Tschampa gekrönt. Die neue Königin war die Tochter eines Würdenträgers am obersten Gerichtshof, und Wunderjuwel wurde Königinmutter.

Anfang des achten Monats gebar Wunderjuwel einen Prinzen. Er erhielt dem Wunsche Harijits entsprechend den Namen Dayada, „Nachkomme". Wunderjuwel hielt ihr Baby im Arm und weinte bei dem Gedanken an ihren verstorbenen Mann. Der kleine Prinz war rund und gesund. Seine schwarzen Augen funkelten. Da der König vier Dienerinnen bestimmt hatte, die sich um Wunderjuwel und das Baby kümmern sollten, hatten Perle und Khanh kaum Gelegenheit, den Säugling zu halten.

Sieben Tage nach der Geburt des Prinzen Dayada hatte Wunderjuwel eine private Unterredung mit König Harijitputra. Sie einigten sich darauf, Gesandte nach Viet zu schicken, die formell die Nachrichten vom Tod König Harijits und von der Geburt des Prinzen Dayada überbringen sollten. Also machte sich eine Gesandtschaft unter Leitung eines königlichen Würdenträgers auf den Weg. Sie führte einen weißen Elefanten mit sich, ein Geschenk des neugeborenen Prinzen Dayada an König Anh Tong. Wunderjuwel schickte Khanh mit der Delegation nach Hause und vertraute ihr einen Brief an ihren Vater an, in dem sie ihm alle Ereignisse mitteilte und zum letzten Mal Lebewohl sagte. Sie schrieb auch Briefe an ihre Tante und an ihren Bruder, König Anh Tong. Sie schrieb in chinesischer Schrift, versiegelte die Briefe sorgfältig und trug Khanh auf, gut darauf aufzupassen und sie sofort nach ihrer Ankunft in der Hauptstadt dem König persönlich zu übergeben. Wunderjuwel gab ihr einige ihrer eigenen Schmuckstücke als Hochzeitsgeschenk mit, damit das junge Paar nach der Hochzeit nicht ganz ohne Kapital dastünde.

Zehn Tage vergingen, bevor die Delegation zum Aufbruch bereit war. Wunderjuwel wußte, daß die Reise mit dem Elefanten lange dauern würde. Selbst unter günstigsten Umständen würde sie nicht vor dem Ende des neunten Monats ankommen. Sie hoffte, ihr Vater würde sie besuchen, bevor sie den Scheiterhaufen bestieg, aber sie befürchtete auch, daß sein Anblick ihr das Herz brechen würde. Sie wußte nicht, was sie sich wünschen sollte, und daher betete sie zum Bodhisattva der Großen Barmherzigkeit, er möge alles zum Besten wenden.

Von diesem Tag an folgte Wunderjuwel dem Vorbild ihres Vaters und aß nur noch vegetarische Speisen. Jeden Morgen stand sie sehr früh auf und machte die Übungen, die ihr Großvater König Thai Tong als die sechs täglichen Übungen zum Neubeginn empfohlen hatte. Er hatte viele buddhistische Texte verfaßt, einschließlich einer Anleitung zum Meditieren. Als kleines Mädchen hatte sie das Vorwort dazu gelesen und bedauerte nun, daß sie selbst kein Exemplar besaß. Sie wollte im Sitzen meditieren, wie ihr Vater, aber sie wußte nicht wie. Dann saß sie trotzdem und richtete ihre ganze Aufmerksamkeit darauf, den Namen Buddhas wie ein ständiges Gebet zu wiederholen.

Auch besuchte sie mit ihren Dienerinnen den Vihara, den buddhistischen Tempel, um sich vor dem Altar des Buddha zu verneigen. Dieser Vihara war der größte in der Hauptstadt von Tschampa. Hier hatte ihr Vater gewohnt, als er Ehrengast im Königreich der Tscham war. Alle Mönche erinnerten sich gut an ihren Vater und behandelten sie mit Herzlichkeit und Respekt. Wunderjuwel befragte sie nach dem Aufenthalt ihres Vaters, und sie zeigten ihr sein Zimmer, die Sandalen, die er getragen, und die Tonschale, die er ihnen als Andenken überlassen hatte. Wunderjuwel war vom Anblick dieser Dinge zutiefst berührt. Die Mönche erzählten ihr, wie sehr sie die wunderbaren Tugenden und die Großzügigkeit ihres Vaters bewunderten. Sie nannten ihn einen Dhuta, einen Mönch, der ein einfaches und enthaltsames Leben führt, sich schlicht kleidet, nur einmal am Tag ißt und unbeirrbar seine Übungen durchführt. Sie sagten, daß kein Mönch, auch keiner von den älteren Mönchen, ihm gleichkäme.

Als Harijit noch am Leben war, hatte er mit Wunderjuwel über den Besuch ihres Vaters gesprochen. Der Edle Lehrer war den ganzen Weg von Viet zu Fuß gekommen und hatte sich geweigert, in einer Sänfte zu sitzen, die eine Eskorte aus Tschampa bereitgestellt hatte. Ein anderer Mönch, der die Sprache der Tscham verstand, begleitete ihn. Dieser Mönch diente ihm als Dolmetscher, und so konnte der Edle Lehrer vor der Mönchsversammlung im Vihara Meditationsanleitungen geben. Obgleich der König ihm immer wieder angeboten hatte, bei ihm im Palast zu wohnen, hatte er abgelehnt. Er bevorzugte die bescheidene Unterkunft im Vihara. Wann immer Harijit den Edlen Lehrer in den Palast eingeladen hatte, war dieser zu Fuß gekommen. Harijit selbst besuchte öfter den Vihara, um den Edlen

Lehrer zu treffen. Er erzählte Wunderjuwel, daß die Begegnungen mit ihrem Vater sein Leben von Grund auf verwandelt hatten.

Wie alle Menschen in Tschampa sei auch er in dem Glauben aufgewachsen, die Viet seien Feinde und ständig nur darauf aus, die Menschen in Tschampa auszuplündern. Tschampa war gezwungen, alle drei Jahre einen Tribut an Viet zu bezahlen, und als die Botschafter von Tschampa und Viet sich aus diesem Anlaß in Sung trafen, hatten sie es vermieden, sich in die Augen zu schauen. Als der Edle Lehrer dann nach Tschampa kam, vermutete Harijit zunächst, er sei aus irgendwelchen versteckten politischen Motiven heraus gekommen. Die Gegenwart und das schlichte Leben des ehemaligen Königs von Viet hatten ihm jedoch schon bald die Augen geöffnet, und nach gar nicht langer Zeit hatte er den Edlen Lehrer lieben und bewundern gelernt. Die Mönche des Vihara erzählten dem König, daß der Edle Lehrer aus Viet gewiß ein Heiliger sei. Der Edle Lehrer erklärte Harijit, Tschampa und Viet sollten einander als Brüder ansehen. Gemeinsam hätten sie die Stärke, jedem Eindringling aus dem Norden standzuhalten. Der Edle Lehrer leugnete die Konflikte der Vergangenheit nicht, aber er brachte die Hoffnung zum Ausdruck, daß die beiden Länder niemals wieder Krieg gegeneinander führen würden.

„Solange ich lebe, bin ich entschlossen, jeden Konflikt zwischen unseren beiden Ländern zu vermeiden.“ Da verstand Harijit, daß der Edle Lehrer ein reines Herz hatte und eine wahre Absicht verfolgte. Wenn der Edle Lehrer mit seiner Bettelschale durch die Dörfer von Tschampa zog, sah man, daß er die Tscham ebenso liebte wie die Viet. Und als der Edle Lehrer ihm seine Tochter Wunderjuwel zur Frau anbot, begriff Harijit, daß die Absichten des Mönches weit über diplomatische Beziehungen und politische Motive hinausgingen. Indem er dem König von Tschampa seine Tochter zur Frau gab, opferte er den Tscham sein eigenes Herz. Er hoffte, damit den Kummer zu lindern, der sich über viele Jahre hinweg in den Herzen der Tscham angehäuft hatte. Auch Harijit erkannte, daß Frieden etwas äußerst Kostbares war. Die Khmer machten immer noch Ansprüche auf Tschampa geltend. In der Vergangenheit hatten sie die Hauptstadt Vijaya mehrmals zerstört. Wenn Tschampa weiterhin gegen Viet Krieg führte, würde es bald einem zweiköpfigen Ungeheuer gegenüberstehen. Wie könnte Tschampa überleben, wenn es gewissermaßen zwischen Hammer und Amboß geriete? Harijit erkannte, daß das Angebot des Edlen Lehrers die Antwort auf die Probleme war, die ihn so tief bekümmerten.

Harijit wollte die Heilung des Bruches zwischen Tschampa und Viet so schön wie möglich machen, und daher hatte er sich entschlossen, die beiden nördlichen Distrikte O und Ri als Verlobungsgeschenke wegzugeben. Es gab Gegenstimmen im Rat, aber schließlich stimmten seine Minister dem Wunsch ihres Königs und Helden zu. So war Wunderjuwel nach Tschampa gekommen. Sobald sie Königin geworden war, hatten die Streitigkeiten an den Grenzen aufgehört. Es kam ihr jedoch zu Ohren, daß sich einige Dörfer im Distrikt O zunächst geweigert hatten, sich der Herrschaft der Viet zu unterwerfen. Daraufhin sandte König Anh Tong einen Minister nach O, um einen Tscham zu wählen, der offiziell verantwortlich war. Er verteilte das Land an die Menschen und befreite sie für drei Jahre von Steuerzahlungen. Allmählich begannen sie, die Herrschaft der Viet zu akzeptieren.

Es war tragisch, daß die Liebe zwischen dem König

von Tschampa und der Prinzessin von Viet so früh zerrissen wurde. Die Prinzessin war im sechsten Monat des Jahres 1306 in der Hauptstadt von Tschampa angekommen, und im fünften Monat des folgenden Jahres starb Harijit. Ihre elf Monate als Königin von Tschampa waren vergangen wie im Traum. Aber es war kein Traum gewesen. Dayada, der kleine Prinz, den sie im Arm hielt, war der Beweis für die Liebe zwischen ihr und dem König von Tschampa.

Der elfte Monat hatte begonnen. In zehn Tagen würde Dayada drei Monate alt. Wie seine Augen glänzten! Er beobachtete jede Bewegung der Hand seiner Mutter und lächelte, wenn Wunderjuwel ihn liebkoste.

Heimreise

Als sie in dieser Nacht den Vorhang zuzog, damit Prinz Dayada schlafen konnte, erhielt Wunderjuwel die Nachricht, die Delegation aus Viet sei gerade in die Hauptstadt zurückgekehrt. Vor lauter Aufregung konnte sie die ganze Nacht nicht schlafen. Ob sie wohl Briefe von ihrem Vater und ihrem Bruder mitgebracht hatten? Am nächsten Morgen kam der Anführer der Delegation zu einer Unterredung mit König Harijitputra, und Wunderjuwel lud ihn gegen Abend zum Tee in ihre Privatgemächer ein. Er berichtete ihr in allen Einzelheiten von seiner Reise nach Viet. Zehn Tage lang seien sie als Gäste des Königs Anh Tong in der Hauptstadt Thang Long geblieben. Bevor die Delegation nach Tschampa zurückkehrte, hatte König Anh Tong sie wissen lassen, daß in den nächsten Wochen eine Delegation aus Viet geschickt werden würde, um dem verstorbenen König die letzte Ehre zu erweisen und der Einäscherungszeremonie der Königin beizuwohnen. Wunderjuwel erfuhr, daß die Delegation keine Briefe für sie mitgebracht hatte, und war tief enttäuscht.

Gegen Ende des elften Monats kam die Delegation aus Viet an: zwölf Männer unter Leitung des Ministers Tran Khac Chung. Auch vier Mönche aus Viet waren dabei, die der Botschafter geschickt hatte, weil sie eine besondere Zeremonie für den verstorbenen König Harijit durchführen sollten. Die Königinmutter, sagten sie, würde an dieser in Viet traditionellen buddhistischen

Zeremonie teilnehmen. Danach würde Wunderjuwel auf dem Scheiterhaufen den Flammen übergeben. Beide Zeremonien sollten nach der Sitte der Tscham am Meeresufer stattfinden. König Harijitputra gab seine Zustimmung, neben dem Scheiterhaufen für die Königin einen Altar für den verstorbenen König zu errichten. Die Zeremonie sollte am Vollmondtag des zwölften Monats stattfinden.

Wunderjuwel empfing Minister Tran Khac Chung zum Tee. Obwohl sie begierig darauf war, Fragen nach den Ereignissen in ihrer Heimat zu stellen, hielt sie dies in Gegenwart ihrer Dienerinnen für unangemessen. Auch erschien ihr das Verhalten des Ministers Chung irgendwie unnatürlich. Sicher war er höflich und respektvoll, aber da war etwas an seinem Verhalten, das Wunderjuwel beunruhigte. Minister Chung teilte ihr mit, daß er keine Briefe für sie habe, weder von ihrem Vater noch von König Anh Tong. Als Wunderjuwel in dieser Nacht allein in ihrem Zimmer lag, weinte sie bitterlich. Sie fragte sich, wie ihr Vater und ihr Bruder ihrem Schicksal gegenüber so gleichgültig sein konnten. Oder vielleicht hatte Khanh die Briefe, die sie geschrieben hatte, nie weitergereicht?

Der Tag der Einäscherung war gekommen. König Harijitputra und Wunderjuwel wurden in einer Sänfte auf dem Rücken eines Elefanten zum Meeresstrand gebracht. Wunderjuwel trug die Kleidung, die jede Königinmutter in Tschampa für dieses feierlich ernste Ritual aufbewahrte. Wunderjuwel wurde von Perle und ihrer Tscham-Dienerin Ratna begleitet, die den in rosafarbene Seidentücher gewickelten Prinzen Dayada trugen. Mit großem Zeremoniell hatte man einen Altar mit Opfergaben für den verstorbenen König errichtet. Banner wurden zum Klang der Musik gehißt. Der Scheiterhaufen aus reinem Sandelholz stand bereit. An die zehntausend Menschen hatten sich am Ufer versammelt. Man half Wunderjuwel, ihren beiden Dienerinnen und den vier Mönchen in ein kleines Boot, um die in Viet traditionelle Zeremonie für den toten König in einiger Entfernung vor der Küste durchzuführen. Danach würde das Boot zurückkehren, und sie würden Opfergaben auf dem Altar darbringen. Der Anführer der Delegation aus Viet bat darum, daß Prinz Dayada zusammen mit seiner Mutter ins Boot gelassen würde, aber König Harijitputra schlug diese Bitte ab. Er befahl vielmehr, man solle die Sänfte des Prinzen neben seiner eigenen tragen.

Kaum hatte das Schiff der Prinzessin das Ufer verlassen, zündeten die Mönche Räucherstäbchen an und begannen zu singen. Die vertrauten Klänge ließen in Wunderjuwel die Sehnsucht nach ihrem Heimatland erwachen, und ihre Augen füllten sich mit Tränen. Auch Perle verdeckte ihr Gesicht und weinte verstohlen. Unter der brennenden Sonne glitt das Boot immer weiter hinaus aufs Meer. Als sie schließlich weit genug hinausgefahren waren, brachten die vier Seeleute aus Tschampa das Boot zum Stillstand, um es den Mönchen zu ermöglichen, ihre Gebete zu beenden. Plötzlich tauchten scheinbar aus dem Nichts vier leichte Boote mit je vier oder fünf Mann Besatzung auf. Wunderjuwel bemerkte, daß es Seeleute aus Viet waren. Schnell wie der Blitz umzingelten sie ihr Boot und sprangen an Bord.

Die vier Bootsleute aus Tschampa wurden sofort überwältigt. Wunderjuwel, Perle, Ratna und die vier Mönche wurden rasch auf die anderen Boote gebracht. Den Seeleuten der Tscham fesselte man die Hände und legte sie mit dem Gesicht nach unten flach in ihr Boot. In dem Moment kam noch ein weiteres Boot vom Festland an, und Wunderjuwel erkannte, daß es Minister

Chung mit seinem Gefolge war. Auch sie stiegen in eines der schnelleren Boote um. Da begriff Wunderjuwel, daß König Anh Tong Minister Chung beauftragt hatte, ihre Befreiung zu organisieren. Der Minister hatte seinen Plan vollkommen geheimgehalten. Sie nahm an, daß selbst die vier Mönche nichts davon gewußt hatten. Wunderjuwel und ihre Dienerinnen saßen da, ohne ein Wort zu sagen. Perle schien zu verstehen, was passierte, aber Ratna schaute benommen und verängstigt drein. Wunderjuwel drückte ganz fest ihre Hand, um ihr zu versichern, daß sie keine Angst zu haben brauche. Die Seeleute ruderten mit aller Kraft, und die Boote schossen wie Pfeile über das Meer. Plötzlich bemerkte Wunderjuwel ein größeres Schiff, das sie zweifellos nach Viet zurückbringen würde. Die Seeleute riefen einander zu und ruderten noch schneller, bis sie das Schiff erreicht hatten. Eine Strickleiter wurde heruntergelassen, und die Passagiere kletterten aus den kleinen Booten in das große Schiff. Zwei Seeleute von oben und zwei von unten halfen Wunderjuwel hinauf. Sie wurde ins Innere des Schiffes gebracht, wo sich Minister Chung und andere Angehörige des Rates zum Gruß vor ihr verneigten.

Ratna, Perle und die vier Mönche wurden auch an Bord gebracht. Wunderjuwel und ihre beiden Dienerinnen bekamen eine eigene Kabine. Perle schaute hinaus und berichtete Wunderjuwel, daß alle Segel gesetzt seien und sich im Wind blähten. Die Seeleute hatten den Befehl, zu segeln, so schnell sie konnten, um mögliche Verfolger aus Tschampa abzuschütteln.

Am Nachmittag erfuhr Wunderjuwel in einem Gespräch mit Minister Chung, daß König Anh Tong ihn und die anderen Minister an Bord tatsächlich beauftragt hatte, sie und Prinz Dayada zu retten und zurückzubringen. Bevor sie sich auf den Weg machten, hatten die Minister einen genauen Aktionsplan aufgestellt. Zunächst hatten sie sich Anfang des zehnten Monats zu Fuß in einen der beiden Distrikte aufgemacht, die jetzt zu Tschampa gehörten. Dort ließen sie den Viet-Gouverneur von ihren Plänen wissen, und dieser half ihnen, das große Schiff und die vier kleineren Boote zu erwerben und erfahrene, verläßliche Matrosen anzuheuern. Der zweite Minister war verantwortlich dafür, daß die Boote von der Mündung des Thuan An aufs Meer hinausgesteuert wurden. Er hatte einen Seemann der Tscham geschickt, der beide Pläne mit dem ersten Minister koordinieren sollte. Ihr Plan war allerdings nicht ganz erfolgreich gewesen, weil sie ohne den kleinen Prinzen abfahren mußten.

Nachdem sie anfänglich überrascht und erleichtert über ihre Rettung war, wurde Wunderjuwel von widersprüchlichen Emotionen überflutet. Sie wußte, daß es nicht in ihrer Macht gelegen hatte zu entscheiden, ob sie bei diesem Plan mitspielen wollte oder nicht. Er war im Rat beschlossen worden, und sie hatte keine andere Wahl, als sich zu fügen. Sie war dadurch dem Scheiterhaufen entkommen, aber dennoch war etwas ganz tief im Inneren ihres Herzens zerbrochen. Sie war bereit gewesen zu sterben, sie hatte sich sogar darauf gefreut, den Kummer einer Witwe zu beenden. Zweifellos würden die Tscham diese Befreiungsaktion als Beleidigung auffassen, und das Vertrauen zwischen Tschampa und Viet würde sehr darunter leiden. Sie war sicher, daß ihr Vater nichts von diesem Plan wußte. Sie war gewillt gewesen, auf dem Scheiterhaufen zu sterben, um die freundschaftlichen Beziehungen zwischen den beiden Völker zu bewahren, und sie wußte, ihr Vater hätte den bitteren Schmerz akzeptiert, seine Tochter zu verlieren, um den Frieden zu sichern. Ihr Bruder Anh Tong war zweifellos von seinen beiden Ministern beeinflußt sowie von seinem eigenen Verlangen, seine Schwester zu retten. Sie wußte, daß diese Minister die Tscham verachteten und darauf aus waren, das gesamte Tschampa zu annektieren. Sie waren der Möglichkeit gegenüber blind, daß es eine brüderliche Liebe zwischen ihren beiden Ländern geben könne.

Mit Schrecken wurde ihr plötzlich klar, daß König Harijitputra von dem Befreiungsplan gewußt haben mußte, aber Unwissenheit vorgetäuscht hatte, um ihr die Flucht zu ermöglichen. Allein die Tatsache, daß er Prinz Dayada in einer Sänfte neben sich hertragen ließ, war Beweis genug. Er konnte Wunderjuwel erlauben, nach Viet zurückzukehren, nicht aber dem Prinzen von Tschampa. Der Führer der Delegation aus Viet mochte vielleicht denken, er habe den König getäuscht, aber in Wahrheit hatte ihm der König lediglich gestattet, seinen Plan auszuführen. Wunderjuwel schaute hinaus auf das weite Meer und den Himmel. Kein Boot aus Tschampa verfolgte sie. Sie dachte an die vier Seeleute, die gefesselt in ihrem Boot lagen, und hoffte, daß sie sich losbinden und sicher ans Ufer zurückkehren konnten. Auch an die riesige Menschenmenge dachte sie, die beim Scheiterhaufen wartete. Plötzlicher durchfuhr sie ein tiefer Schmerz. Sie dachte an ihren Sohn Dayada, den Teil ihres Herzens, den sie dort im Lande der Tscham zurückgelassen hatte.

Das Schiff segelte ohne Zwischenfälle die Nacht hindurch und den ganzen folgenden Tag. In der folgenden Nacht zerbrach ein heftiger Sturm den Mast. Die ganze Nacht kämpften die Matrosen tapfer, damit das Schiff nicht kenterte. Ratna blieb ruhig, aber Perle klammerte sich beinahe hysterisch vor Angst an Wunderjuwel. Am

Morgen schafften sie es, das Schiff in eine Bucht zu manövrieren und vor dem Sturm zu schützen. Sieben Tage und Nächte lang wütete das Unwetter. Das Schiff war zu stark beschädigt, um die Reise fortsetzen zu können. Also gingen zwei Matrosen an Land, um Material zur Reparatur des Schiffes zu kaufen und frisches Wasser und Proviant mitzubringen. Zum Glück sprachen sie die Sprache der Tscham, und da das Schiff aus Tschampa stammte, erregten sie bei den Einheimischen auch keinen Verdacht.

Fast einen ganzen Monat lang lag das Schiff vor Anker, bis die Reparaturen beendet waren. Dann lichtete der zweite Minister den Anker, und nach einer Tagesreise erreichten sie die Mündung des Thuan. Zwei Tage später gingen alle von Bord. Sie waren in dem Gebiet, das die Viet erst unlängst bekommen hatten, und die Mehrheit der Bevölkerung war Tscham. Wunderjuwel und ihre Begleiterinnen verkleideten sich als ganz gewöhnliche Reisende. Minister Chung schmiedete Pläne, einige Männer nach Vijaya zurückzuschicken, um Prinz Dayada zu entführen. Er könne erst heimkehren, sagte er, wenn er die Aufgabe, die König Anh Tong ihm anvertraut hatte, voll und ganz erfüllt habe. Nun, nachdem die Königinmutter jenseits der Grenze in Sicherheit war, mußte er einen Weg finden, um auch den Prinzen herüberzubringen. Er besprach seinen Plan mit dem ansässigen Gouverneur aus Viet. Zunächst wollte er Spione nach Tschampa schicken, die den Viet treu ergeben waren und keinen Verdacht erregen würden.

Wunderjuwel wußte, daß sie dem Minister nichts raten und ihn auch nicht davon überzeugen konnte, seinen Plan aufzugeben. Sie erlebte ihren eigenen emotionalen Konflikt. Sie liebte ihr Kind und sehnte sich danach, es im Arm zu halten. Zugleich aber war ihr bewußt, daß die

Entführung des Prinzen eine Provokation darstellte. Prinz Dayada gehörte in die Königsfamilie der Tscham. Daran hatte sie nie gezweifelt. Wenn bekannt würde, daß der Rat der Viet den Befehl gegeben hatte, den Prinzen zu entführen, dann wären die Tscham überzeugt, daß die Menschen von Viet unredliche Betrüger seien, denen man nicht vertrauen dürfe. Wunderjuwel konnte diesen Gedanken nicht ertragen, und doch wußte sie, daß ihre Meinung nichts zählte in einer Gesellschaft, in der Frauen bei politischen Entscheidungen nicht mitreden durften. Sie hatte das Gefühl, daß nur ihr Vater all ihre Emotionen verstehen könnte.

Im zweiten Monat stach ein Frachtschiff mit acht Mann Besatzung in See. Es hatte den Auftrag, nach Vijaya zu segeln und den Prinzen zu entführen. Wunderjuwel fühlte sich innerlich zerrissen. Sie war gegen den Plan, Prinz Dayada zu entführen, und doch hoffte sie, daß die Expedition erfolgreich sein würde. Sie sehnte sich danach, erneut das Glück einer Mutter zu erleben. Zuerst war sie wütend auf sich, weil sie solch eine Hoffnung hegte, denn es machte sie scheinbar zur Komplizin dieses heimtückischen Planes. Sie kämpfte mit sich und versuchte, diese Hoffnung aus ihrem Geist und ihrem Herzen zu verbannen. Aber je mehr sie versuchte, diese Gefühle zu unterdrücken, desto stärker wurden sie. Schließlich mußte sie sich eingestehen, daß ihre Gefühle stärker waren als sie selbst. Sie versuchte sich zu rechtfertigen, daß sie eine Frau und deshalb schwach sei, wußte aber genau, daß es sich dabei nur um eine Ausrede handelte. Sie war in der Tat eine Frau, aber das machte sie wohl kaum schwach. Sie litt an dem, was sie war: die Mutter eines Kindes.

Sechs Wochen vergingen ohne eine Nachricht von dem Frachtschiff. Beunruhigt schickte der Minister eine weitere Expedition mit einem anderen Plan auf den Weg. Diesmal sollte sie über Land reisen. Wieder vergingen sechs Wochen, und noch immer gab es keine Nachricht von den beiden Missionen. Es lag auf der Hand, daß beide Gesandtschaften erfolglos gewesen waren. Zwei Wochen später entschloß sich der Minister, den Entführungsplan aufzugeben. Drei Sänften wurden für Wunderjuwel und die Minister bereitgestellt, die sie in die Hauptstadt von Viet zurückbringen sollten. Es waren insgesamt zwölf Personen, einschließlich Perle und Ratna. Die vier Mönche hatten sich schon vor Buddhas Geburtstagsfest auf den Weg in die Hauptstadt gemacht.

Dreißig Tage dauerte die Reise. Das Land der Viet breitete sich vor ihnen aus wie ein prächtiger Gobelin. Wunderjuwel schaute mit neuen Augen auf ihr Heimatland. Jede Schlucht und jeder Fluß erinnerte sie an die Menschen und die Landschaft in Tschampa. Die Tscham waren nun ebenso ein Teil von ihr wie die Viet. Beide Völker waren mit mühseliger Arbeit vertraut, beide besaßen Kraft und Ausdauer, beide sehnten sich nach Frieden. Wunderjuwel entdeckte halb im Bambusdickicht versteckte Strohhütten, sah die Bauern, die ihre Reisfelder pflügten, und die Kinder, wie sie auf Wasserbüffeln ritten, und sie sehnte sich danach, ihre königlichen Pflichten abzulegen und ein einfaches Leben auf dem Lande zu führen. Sie wollte als schlichte Bäuerin in ein neues Leben geboren werden. Vielleicht konnte ihr Vater ihr bei der Erfüllung dieses Wunsches helfen.

Am zehnten Tag des achten Monats erreichten sie die Hauptstadt, und Wunderjuwel wurde von König Anh Tong und Prinz Hue empfangen. Sie unterrichteten sie davon, daß ihre Tante, die Königinmutter, vor vier Monaten in der Bao An Pagode die religiösen Gelübde abgelegt hatte und nun in einer kleinen Einsiedelei im Norden des Landes lebte und sich ganz ihren Übungen widmete. Wunderjuwel erfuhr auch, daß es allein König Anh Tongs Plan gewesen war, sie zu retten und nach Hause zu bringen. Wie sie schon vermutet hatte, wußte ihr Vater nichts von all dem. Wunderjuwel ruhte sich einen Tag lang aus und sammelte ihre Kräfte. Dann äußerte sie den Wunsch, ihren Vater auf dem Berg Yen Tu zu besuchen, und danach würde sie auch der Königinmutter einen Besuch abstatten.

Licht des Dharma

Berg Yen Tu, 1308

Alle Gedanken an die Ereignisse der vergangenen zwei Jahre verblaßten, als Wunderjuwel ihre Aufmerksamkeit wieder auf den gegenwärtigen Augenblick richtete. Licht des Dharma sang nicht mehr, und die Einsiedelei Kleiner Drache war von tiefer Stille erfüllt. Wunderjuwel hatte das Gefühl, als hätte sie innerhalb weniger Augenblicke ihr gesamtes Leben noch einmal erlebt, ja, als hätte sie zahllose Jahrhunderte durchlebt. Sie war zwar erst einundzwanzig Jahre alt, aber sie hatte bereits außergewöhnlich viele Sorgen, Ängste und Enttäuschungen durchlebt. Die große Müdigkeit, die sie beim Erwachen gefühlt hatte, machte nun einem unerklärlichen Frieden und Frohsinn Platz. In ihrem Herzen spürte sie einen vollkommenen Gleichmut. Sie hatte das nie zuvor erlebt, aber nun, da sie es einmal erfahren hatte, wußte sie, daß sie es wieder erleben konnte, sogar immer wieder. Sie war bereit gewesen, ihren Körper auf den Scheiterhaufen zu legen, gewillt, dem Tod zu begegnen. Nun gab es nichts mehr, was ihr Angst einjagen konnte. Vielleicht war das der Grund dafür, daß sie nun solche Ruhe und solche Freude empfand. Sie wußte nur wenig über buddhistische Meditation, aber sie war sich sicher, daß der Frieden und die Freude, die von der Meditation herrührten, genau das waren, was sie nun erlebte.

Wunderjuwel schaute zur dunklen Decke empor, auf der die nächtlichen Schatten spielten, und sie lauschte angestrengt. Aber in ihr und um sie herum war alles still und ruhig. Sie lächelte in der Dunkelheit. Dieses Lächeln war ein Wunder. Sie hatte nie zuvor genau so gelächelt, und dieses Lächeln galt niemand anderem als ihr selbst. Es blieb auf ihren Lippen, während sie auf den Klang ihres ruhigen und sanften Atems hörte. Sie sagte sich, sie wolle keine Sekunde dieses kostbaren Friedens verlieren, indem sie irgendwelchen Erinnerungen oder Sorgen nachhing.

Licht des Dharma ließ die Zimbeln zweimal erklingen, und dieser heitere und zugleich feierlich ernste Ton verkündete den Tagesanbruch. Wunderjuwel stand langsam auf, öffnete die Tür und ging in den Andachtsraum.

Licht des Dharma sprach sie höflich an: „Bitte, Majestät, nehmt ein wenig Reisbrei zu euch. Danach werde ich Euch hinauf zur Einsiedelei Gipfelruh begleiten."

Wunderjuwel setzte sich. Auf dem Tisch standen zwei Schüsseln mit braunem Reisbrei, ein Teller mit eingelegtem Kohl, ein kleines Schälchen mit Sojasauce und daneben zwei Paar Eßstäbchen. Der junge Novize legte die Hände zum Dankgebet zusammen, hob dann seine Schüssel auf und begann schweigend zu essen. Wunderjuwel tat dasselbe. Sie hätte nie gedacht, daß brauner Reisbrei so köstlich schmecken konnte. Als Licht des Dharma mit dem Essen fertig war, legte er seine Hände wieder in stillem Dankgebet aneinander und reichte Wunderjuwel eine Schale Tee. Es war schon lange her, daß sie das letzte Mal mit Ingwer aufgebrühten Tee getrunken hatte. Wie warm sie sich dadurch fühlte!

Als sie hinaus in den lichten Morgen schritten, hingen die Nebelschwaden noch in den fernen Bäumen. Licht des Dharma wies auf den Bergrücken bei der Einsiedelei Kleiner Drache: „Seht nur, Hoheit, der Berg hat die Form eines Einhorns. Deswegen wird diese Einsiedelei Einhorn genannt."

Wunderjuwel stimmte zu. Der Berg sah tatsächlich aus wie ein Einhorn. Sie schaute zurück auf die Einsiedelei und sah den Fluß, der an den Kiefern vorbeifloß. Kiesel und Steine in allen Größen säumten sein Ufer. Wunderjuwel dachte an den Nachmittag, als sie mit ihrem Vater am Ufer dieses Flusses bei ebendiesen Steinen gesessen hatte, kurz bevor sie nach Tschampa abgereist war. Dieser Tag schien ihr nun nicht weiter zurückzuliegen als der gestrige Nachmittag.

Sie folgten dem Weg hinauf auf den Berg, über viele Flüsse hinweg, die sie auf hölzernen Brücken überquerten. Nach dem neunten Strom ragte der Berggipfel hoch vor ihnen auf. Zu seinen Füßen lag ein weißer Sandstreifen, Sand, den das Wasser vieler Regenzeiten vom Gipfel heruntergespült hatte. Der Novize erzählte Wunderjuwel, daß König Anh Tong auf seinem Weg zum Edlen Lehrer immer an dieser Stelle eine Rast einlegte.

Licht des Dharma führte Wunderjuwel um einen weiteren, mit Kiefern bewaldeten Hügel herum und durch ein anderes Waldgebiet bis zu einem Fluß mit rotem Wasser. Er erklärte, daß dieses Wasser durch einen Wald mit eisenhaltigen Bäumen fließe und sich dabei rot färbe. Wunderjuwel blickte auf die großen Steine, die das Flußbett säumten. Als sie hochschaute, sah sie Tausende von turmhohen Kiefern. Sie betraten den Kiefernwald und gingen immer weiter, bis sie die Einsiedelei Steinerne Höhle erreicht hatten, die vollkommen aus den blauen Steinen der Umgebung erbaut war. Der Novize erklärte Wunderjuwel, daß der Edle Lehrer hier seine Schrift *Worte aus der Steinernen Höhle* verfaßt hatte. „Er ist jetzt aber“, fügte er hinzu, „nur noch selten hier, weil er die Einsiedelei Schlafende Wolken bevorzugt.“ Der Weg wurde nun schwieriger, aber dafür war die Aussicht atemberaubend schön. Sie kamen durch dichte

Waldgebiete, bis sie auf eine weite, sonnige Ebene hinaustraten. Sie wanderten weiter und erreichten schließlich einen bewaldeten Hang.

„Eure Hoheit", sagte der Novize, „wir sollten uns hier eine Weile ausruhen. Dieser Ort wird Kühler Schatten genannt. Der Edle Lehrer kommt oft hierher, um sich auszuruhen. Auch König Anh Tong macht hier gern eine Pause." Er zeigte auf das Strohdach einer Einsiedelei in der Ferne, halb von Bäumen verdeckt. „Das ist die Einsiedelei Großer Stein. Mein älterer Dharma-Bruder Phap Loa hat sich einmal dorthin zurückgezogen."

Wunderjuwel bedeutete Licht des Dharma, sich neben sie auf den Baumstamm zu setzen, der für die Reisenden dorthin gelegt worden war. „Licht des Dharma", fragte sie ihn, „wer hat dir gesagt, du sollst mich Hoheit nennen?"

Mit großem Respekt antwortete Licht des Dharma: „Hoheit, niemand sagte es mir, aber gestern hörte ich, wie Madame Perle Euch so nannte, und da dachte ich, es sei auch für mich angemessen, Euch so anzusprechen."

Wunderjuwel lächelte. Er ahmte also Perle nach!

„Wenn du mich Hoheit nennst, klingt das so formell. Weißt du, daß ich die Tochter des Edlen Lehrers bin?"

„Ja, Hoheit."

„Nun, da du der spirituelle Sohn des Edlen Lehrers bist, sind wir Bruder und Schwester. Ich würde es vorziehen, wenn du mich mit Schwester anreden würdest."

Der Novize senkte den Kopf: „Ich glaube nicht, daß ich das wagen würde, Hoheit."

„Warum denn nicht? Es stimmt doch, ich bin deine Schwester. Auch ich werde unter Leitung des Edlen Lehrers das Meditieren erlernen. Auf die Weise werde ich auch seine spirituelle Tochter sein. Ich mag es nicht, wenn man mich Hoheit nennt. Bitte, nenne mich Schwester, da du mein jüngerer Bruder bist."

Der Novize hob seinen Kopf und schaute auf die berühmte Prinzessin. Dann senkte er den Kopf wieder und antwortete leise: „Ich will es versuchen."

„Licht des Dharma, wie lange bist du schon Novize?"

„Seit zwei Jahren, Hoheit, ich meine, Schwester."

„Du singst so schön. Du hast eine so klare Stimme. Ich bin sicher, daß der Edle Lehrer dich sehr liebt."

„Ja, er liebt mich sehr. Ich bin erst zwanzig Jahre alt, aber er hat mir erlaubt, eine Widmung für das Buch *Geschichte des Ehrwürdigen Meisters Tue Trung* zu schreiben. Es wurde gerade veröffentlicht, Schwester, und ich besitze zwei Exemplare. Ich werde dir eines geben."

„Hat sonst noch jemand eine Widmung für dieses Buch geschrieben?"

„Ja. Zuerst der Edle Lehrer und dann noch sechs seiner ordinierten Schüler. Meine Widmung kommt am Ende. Alle haben wunderschön geschrieben, außer mir, Schwester. Und doch hat es der Edle Lehrer zugelassen, daß meine armseligen Worte mit in das Buch aufgenommen wurden."

„Was hast du geschrieben? Kannst du es für mich rezitieren?"

„Ich schrieb: ‚Der bedeutende Meister Tue Trung war ein Bodhisattva, in der königlichen Familie der Tran geboren. Er war der ältere Bruder des Nationalhelden Tran Hung Dao. In seiner Kindheit war er ein pflichtbewußter Sohn und erfüllte die Erwartungen seines Vaters. Zweimal, als sein Land in großer Gefahr schwebte, half er, einen Krieg abzuwenden. Danach widmete er sein Leben der Meditation. Er gab die Güter dieser Welt auf und wanderte zu Fuß von Ort zu Ort.' Ziemlich schlimm, findest du nicht auch, Schwester?"

„Im Gegenteil! Du hast sehr gut geschrieben. Sag mir, warum möchtest du ein Mönch sein?"

„Ich möchte so sein wie mein älterer Dharma-Bruder Phap Loa."

„Und was ist an Phap Loa so besonders?"

„Phap Loa ist der Dharma-Erbe des Edlen Lehrers. Er wird die Verantwortung dafür tragen, daß die wahren Lehren des Edlen Lehrers bewahrt und verbreitet werden. Er ist sogar noch wichtiger als Bao Sat, Schwester. Zu Beginn des Jahres begleitete ich den Edlen Lehrer während seines Aufenthalts im Bao An Tempel, und ich war bei der Zeremonie dabei, als er die Verantwortung auf Phap Loa übertrug. Es war eine sehr formelle Zeremonie. Soll ich dir davon erzählen, Schwester?"

Wunderjuwel sprach gern mit Licht des Dharma. Sie liebte es besonders, wie seine junge Stimme die buddhistischen Begriffe aussprach: „wahre Lehre", „Übertragung" und „formelle Zeremonie". Sie nickte: „Ja, bitte, erzähle mir davon."

„Am Neujahrsmorgen, nach dem Gesang der Liturgie, begleitete der Edle Lehrer Phap Loa zum Andachtsraum, um sich vor dem Buddha zu verneigen. Danach frühstückte die ganze Gesellschaft. Dann zogen alle ihre feierlichen Gewänder an und gingen zur Dharma-Halle. Der Gong und die rituelle Musik klangen außergewöhnlich majestätisch, Schwester. Während die Musik erklang, kam die königliche Kutsche in Begleitung vieler königlicher Bediensteter an. Da der König der Oberste der Laienschar in Viet ist, war für ihn ein Thron in der Halle errichtet worden. Prinz Hue und andere Würdenträger des königlichen Rates standen im Innenhof. Prinz Hue ist auch dein Bruder, nicht wahr?"

„Ja, das ist er."

„Der Edle Lehrer stieg auf das Podium und hielt einen Dharma-Vortrag. Danach stieg er wieder herunter und führte Phap Loa an der Hand zum Podium. Er bat ihn, sich zu setzen, und legte dann seine Hände aneinander und sah Phap Loa an. In einer äußerst feierlichen Art erkundigte er sich nach Phap Loas Gesundheit. Nachdem Phap Loa geantwortet hatte, nahm der Edle Lehrer sein eigenes Gewand, händigte es Phap Loa aus und hieß ihn, es anzulegen. Dann setzte sich der Edle Lehrer und hörte dem Dharma-Vortrag von Phap Loa zu. Als dieser seine Predigt beendet hatte, stand der Edle Lehrer auf, wandte sich dem König, den Ministern und der gesamten Versammlung zu, und sagte, daß von heute an der Bao-Tempel und alle Einsiedeleien auf dem Berg Yen Tu der Obhut Phap Loas anvertraut seien. Phap Loa sei sein Dharma-Erbe, der Zweite in der Linie der Bambuswaldschule. Danach erhoben sich alle und verbeugten sich vor Phap Loa."

Wunderjuwel schaute Licht des Dharma an und lächelte. „Wenn ich du wäre, dann hätte ich kein Verlangen danach, wie Phap Loa zu werden. Der Oberste in einer Linie von Meditationslehrern zu sein, das ist sehr anstrengend. Es gibt da so viel, um das man sich kümmern muß. Ich würde es vorziehen, so wie du zu sein. Hier herrschen Ruhe und Frieden, man ist frei von allen Sorgen. Jedenfalls liebt der Edle Lehrer dich ebenso wie Phap Loa. Aber sage mir, warum sind jetzt so wenig Menschen auf dem Berg? Wo sind all die anderen Mönche hingegangen?"

„Sie alle haben auf Geheiß des Edlen Lehrers den Berg verlassen. Meister Bao Sat ist der einzige, der hier oben in seiner Einsiedelei Lila Wolken geblieben ist. Im letzten Sommer verbrachte der Edle Lehrer das Retreat der Regenzeit mit mehr als zweihundert Mönchen in Duc La. Während der ganzen Zeit gab er Kommentare zu der

Schrift *Die Fackel der Übertragung*, und am Vollmondtag des siebten Monats führte er nach der Beichte eine Zeremonie durch, mit der er die Verantwortung für den Duc-La-Tempel auf Phap Loa übertrug. Am Tag nach dem Vollmond kehrte der Edle Lehrer hierher zurück und blieb in der Einsiedelei Lila Wolken. Er wies Phap Loa an, bei ihm zu bleiben und private Unterweisungen zur *Fackel der Übertragung* zu empfangen. Zwei Wochen später schickte er die anderen Mönche vom Berg hinunter und behielt nur Meister Bao Sat bei sich. Er ließ Bao Sat wissen, daß er gemeinsam mit ihm alle heiligen Orte auf dem Berg Yen Tu besuchen wolle. Niemand sonst sollte sich zu dieser Zeit auf dem Berg aufhalten. Deswegen befinden sich jetzt nur drei von uns hier oben – der Edle Lehrer, Meister Bao Sat und ich."

Wunderjuwel sann über ihren Vater nach, der jetzt fünfzig Jahre alt war. Er war nicht mehr jung, trug aber noch eine große Verantwortung. Sein weltliches Werk war zwar vollendet, aber jetzt hatte er seine religiöse Aufgabe. Sie war froh zu erfahren, daß ihr Vater die Einsiedeleien auf dem Berg der Obhut Phap Loas anvertraut hatte.

Wunderjuwel war zwölf Jahre alt gewesen, als ihr Vater von zu Hause fortgegangen war, um Mönch zu werden. Sie konnte sich noch gut an den Tag erinnern und auch daran, daß das ganze Reich davon zutiefst berührt war. Die Königinmutter und alle Angestellten im Palast weinten, als sie sich am Fuße des Berges Yen Tu von ihm verabschiedeten. Viele konnten es einfach nicht über sich bringen, ohne ihn zum Palast zurückzukehren. So bauten sie sich eine Behausung am Fuß des Berges und blieben dort. Der Edle Lehrer befahl ihnen nicht fortzugehen. Als Ergebnis davon wurden zwei Dörfer gegründet. Einige Jahre später erbaute man dort auch ein Nonnenkloster, um Frauen einen Ort zu bieten, an dem sie als Nonnen den Buddhismus praktizieren konnten.

An dem Tag, als der Edle Lehrer den Palast verließ, verbrannte der Abt des Bao An Tempels als Opfergabe seinen linken Arm. Er verkündete: „Die Entscheidung unseres Königs, dem Pfad zu folgen und die Sonne des Dharma erstrahlen zu lassen, ist eine wunderbare und noch nie dagewesene Gelegenheit für unser Land." Die Nachricht, daß der Abt seinen linken Arm stundenlang über eine Kerze hielt und ihn von der Hand bis zum Ellbogen wegbrennen ließ, verbreitete sich wie ein Lauffeuer. Die ganze Zeit über blieb das Gesicht des Abtes dabei ruhig und entspannt. Wunderjuwel hatte die Königinmutter um Erlaubnis gebeten, nach Bao An gehen zu dürfen, und hatte es dort mit eigenen Augen gesehen.

Wunderjuwel wußte, daß ihr Vater bei dem Ehrwürdigen Meister Tue Trung, ihrem Onkel mütterlicherseits, Buddhismus studiert hatte. Alle hielten Meister Tue Trung für jemanden, der die Große Erweckung erlangt hatte. Sein Verständnis der Sutras war unübertroffen. Der Ehrwürdige Meister starb jedoch, ehe der Edle Lehrer die Mönchsgelübde abgelegt hatte, und daher führte der Nationale Lehrer, der Ehrwürdige Dao Nhat, die Ordinationszeremonie durch. Der Edle Lehrer hatte in einem Palast gelebt, der mit Gold und Edelsteinen verziert war. Doch nun schlug er den Lebensweg eines heimatlosen Mönches ein. Er trug nur eine Flickenrobe, schlief unter einfachen Strohdächern auf dem Berg Yen Tu, und sein Essen und Trinken war einfach und schlicht. Er erhielt den buddhistischen Titel „Dhuta", der sich auf jemanden bezieht, der den Weg der klösterlichen Übungen eingeschlagen hat. Andere nannten ihn ehrfürchtig „Edler Dhuta". Selbst nach zehn Jahren auf dem Berg hatte er noch keinen Tempel gegründet. Ihm folgten ungefähr ein Dutzend Schüler, und sie alle machten ihre Übungen in kleinen strohgedeckten Einsiedeleien, zu denen auch Lila Wolken, Kleiner Drache und Schlafende Wolken gehörten.

Der Gedanke an Schlafende Wolken ließ Wunderjuwel aufstehen. Sie fühlte sich ausgeruht, und auch Licht des Dharma stand auf. Sie durchquerten den dichten Wald und mußten eine Weile klettern, bevor sie die Einsiedelei erreichten. Sie konnten den Edlen Lehrer nirgendwo sehen, und Licht des Dharma meinte, er meditiere bestimmt in der nahegelegenen Samadhi-Einsiedelei. Er sprach leise zu Wunderjuwel, während er auf eine kleine, halb hinter Kiefern versteckte Einsiedelei deutete.

„Dort meditiert der Lehrer. Wir sollten nicht hingehen, um ihn nicht zu stören. Ich werde dich hier herumführen und dir alles zeigen." Licht des Dharma führte Wunderjuwel zu einer winzigen, in eine Felsspalte gebaute Hütte.

„Diese Einsiedelei heißt Ein Dach, weil sie, wie du sehen kannst, nur ein Dach hat. Der Lehrer sitzt hier oft und liest Sutras und andere Texte. Es ist kühl hier und still, Schwester. Mehrmals am Tag geht der Lehrer zum Meditieren in die Samadhi-Einsiedelei. Wenn er fertig ist, werde ich sie dir auch noch zeigen. Hier in der Nähe fließt der Drachenfluß, Schwester. Dort gibt es einen wunderschönen Wasserfall. Das Wasser stürzt von hoch oben herunter. Der Fluß formt den Schwanz eines Drachen, die Einsiedelei in der Felsspalte bildet seinen Kopf und die Einsiedelei Schlafende Wolken seinen Rücken. Komm hier herüber, und schau es dir an. Wenn du vor der Einsiedelei Schlafende Wolken stehst und hinunterschaust, kannst du den ganzen Berg sehen mit all seinen gewundenen Bächen und Flüssen. Ist es nicht wunderschön?"

Wunderjuwel blickte hinunter. Die Aussicht war in der Tat wunderschön und sehr beeindruckend, und der Anblick erleichterte sie ungemein. Sie hätte tagelang an dieser Stelle bleiben können.

„An manchen Tagen, wenn man morgens aufwacht, liegt diese Gegend im Nebel, und es sieht dann so aus, als säße man hier auf den Wolken, Schwester."

Wunderjuwel lächelte: „Kein Wunder, daß der Name des Berggipfels ‚Bett aus Wolken' bedeutet." In dem Moment hörte sie, wie jemand hinter ihr über die vertrockneten Blätter ging. Sie drehte sich um und sah ihren Vater, der lächelnd auf sie zukam. Licht des Dharma legte seine Hände aneinander und verneigte sich respektvoll, Wunderjuwel ebenso.

„Meine Kinder", begrüßte sie der Edle Lehrer, „ich hatte euch nicht so früh erwartet!" Er führte die beiden in die kleine Einsiedelei. Der Novize machte sich daran, den Tee zu bereiten, aber der Edle Lehrer hielt ihn auf.

„Du brauchst jetzt keinen Tee zu machen. Wir werden erst einmal zur Einsiedelei Lila Wolken gehen. Ich habe eine Handvoll Reis und ein kleines Päckchen gesalzene, geröstete Sesamkerne für unterwegs vorbereitet. Du findest sie dort auf dem Tisch bei der Kerze, mein Kind."

Der Novize nahm einen Leinenbeutel von der Wand und legte den eingepackten Reis und das Sesamsalz hinein. Der Edle Lehrer wartete draußen auf Wunderjuwel und den Novizen und schloß dann ganz sacht die Tür. Sie traten hinter die Einsiedelei und stiegen einen Hügel hinauf. Manchmal ging es sehr steil bergauf. Der Edle Lehrer führte einen Bambusstock mit sich. Wunderjuwel bemerkte, daß ihr Vater trotz des anstrengenden Aufstiegs äußerst behende auf seinen abgehärteten Beinen ging. Zehn Jahre lang hatte er sich geweigert, in einer Sänfte den Berg hinauf oder hinunter getragen zu werden. Zweifellos war er jetzt vollkommen an die steilen Bergpfade gewöhnt. Auch der Novize war ein ausgezeichneter Kletterer. Er blieb häufig stehen, um auf Wunderjuwel zu warten, und reichte ihr die Hand, damit sie nicht ausrutschte. Als sie bei der Einsiedelei Unerschrockenheit ankamen, bemerkte Wunderjuwel einen wunderbaren Blumenduft in der Luft. Es roch nach Magnolien, und der Geruch war ihr so vertraut. Als Kind hatte sie immer Magnolienblüten gepflückt und sich ins Haar gesteckt, wenn sie den nahegelegenen Tempel besuchte.

„Licht des Dharma", rief sie dem Novizen zu, „schau dir nur die vielen Magnolienblüten an!"

„All diese Magnolienbäume hat der Edle Lehrer gepflanzt, Schwester, als ich erst drei Jahre alt war", antwortete er. Die Bäume waren nun schon größer als sie beide.

Sie folgten dem Edlen Lehrer auf die linke Seite der Einsiedelei. Hier zeigte ihr der Novize zwei weitere Einsiedeleien. Die eine hieß Mörser und die andere Medizin. Er erklärte, daß früher die königlichen Ärzte hierherkamen, um Kräuter zu sammeln und daraus Medizin herzustellen. In der ersten Einsiedelei zerstampften sie die Kräuter, und in der Einsiedelei Medizin verteilten sie die fertigen Kräuterpillen. Wunderjuwel wußte, daß diese Medikamente für die königliche Familie verwendet und bei Epidemien und Hungersnöten auch an die Bevölkerung verteilt wurden. Die berühmten Taujuwelen-Pillen waren an diesem Ort hergestellt worden. Zu Zeiten großer Trockenheit waren die Tempel angewiesen, Reis an die hungernden Menschen auszuteilen, und den Kranken wurden Taujuwelen-Pillen verabreicht. Wunderjuwel betrat die Einsiedelei und fand sie erstaunlich geräumig. Im Inneren gab es viele Holzkommoden, in denen man die medizinischen Kräuter aufbewahrt hatte.

Der Edle Lehrer führte sie nun auf einem ausgetretenen Pfad zur Einsiedelei Lila Wolken. Nachdem sie eine Weile gewandert waren, schlug er vor, sich an einem Ort auszuruhen, an dem Bambus zwischen den Steinen wuchs. Licht des Dharma holte den Reis und das Sesamsalz hervor und bot es dem Edlen Lehrer an, der im Lotussitz auf einem Felsen saß. Der Mönch sprach ein Dankgebet, nahm den Reis an und aß ihn langsam, wobei er jeden Bissen genoß. Licht des Dharma gab Wunderjuwel von dem Reis, bevor er sich selbst davon nahm. Auch er sprach ein stilles Dankgebet, bevor er zu essen begann. Als das Mahl vorbei war, rollte der Novize ein Blatt zu einem kegelförmigen Behälter. Er lief zum nahen Fluß und füllte den Becher mit Wasser für den Edlen Lehrer. Wunderjuwel war ihm gefolgt, kniete nun auf einem großen Stein und schöpfte mit der Hand etwas von dem kühlen, erfrischenden Wasser.

Sie schaute zu, wie der kristallklare Fluß über die Felsen stürzte. Ihr Geist war ungewöhnlich heiter und still, ohne eine Spur von Unruhe oder Verlangen. Hier war sie fast auf der Spitze des Berges Yen Tu dem Menschen nahe, den sie am meisten liebte und respektierte. Er war ihr Vater, aber er war auch der Mensch, der sie besser verstand als jeder andere. Sie fragte sich, wie viele Menschen das Herz des Edlen Lehrers wohl wirklich verstanden. Sie hatte zwar noch nicht alle seine Bücher gelesen, Werke wie *Worte aus der Steinernen Höhle, Der wahrhaft meditative Geist, Aufzeichnungen aus dem Bambuswald, Gedichte*, doch sie wußte, daß nur wenige Menschen, selbst unter denen, die alle diese Bücher gelesen hatten, ihn so gut verstanden wie sie.

Wunderjuwel wandte ihre Aufmerksamkeit plötzlich

dem Novizen zu. Auch er hatte sich Wasser geschöpft und saß nun am Flußufer und plätscherte spielerisch im Wasser. Der Anblick dieser beiden Hände ließ ihr das Herz im Leibe hüpfen. Als sie so alt war wie Licht des Dharma, hatte auch sie gern mit den Händen im Wasser geplanscht. Damals hatte sie nicht innegehalten und ihre Hände angeschaut wie zwei Jahre zuvor, als ihr Vater sie dazu aufgefordert hatte. An dem Tag hatte ihr Vater ihr die Augen geöffnet. Jetzt schaute sie auf die Hände des Novizen und hatte das Gefühl, sie könne sie wirklich sehen. Obwohl es die Hände von Licht des Dharma waren, hatte sie sie noch nie so deutlich gesehen wie jetzt. Licht des Dharma war der spirituelle Sohn des Edlen Lehrers, aber sie nahm an, daß ihr Vater ihm noch nicht die Augen in der Weise geöffnet hatte, daß er die wahre Natur seiner Hände erkennen konnte. Er war seit zwei Jahren Novize und lebte in einer reinen, freudvollen und friedlichen Welt, obwohl er das nicht wirklich begreifen konnte. Er dachte an die Zukunft. Er wollte ernsthaft studieren und ein bedeutender Mönch werden wie Phap Loa. Er wollte vor den bewundernden Augen des Königs, der Minister und der Menschen auf einem Podium sitzen. Wunderjuwel wußte, daß er noch einen langen Weg vor sich hatte, und Zuneigung wallte in ihrem Herzen auf. Sie wußte, daß dieser lange Weg nicht nur seiner war, denn sie war sich jetzt bewußt, daß sie und der Novize nicht wirklich voneinander getrennt waren.

Während sie so die Hände des Novizen betrachtete, wanderten ihre Gedanken zu ihrem Sohn Dayada. Sie spürte ein Mitgefühl, das nicht nur von ihr selbst stammte, sondern auch aus dem Herzen ihres Vaters. Hier waren ihre Hände, die sie an ihr Kind weitergegeben hatte. Wem würde er sie wohl einmal weitergeben?

Und was würde aus den Händen des Novizen? Ihr Vater liebte Licht des Dharma. Obwohl in den Händen des Novizen nicht das Blut seines Lehrers floß, waren sie nicht verschieden von den Händen des Edlen Lehrers oder von ihren eigenen. Nach nur einem Tag der Bekanntschaft empfand Wunderjuwel dieselbe Liebe für Licht des Dharma wie für ihre Brüder. Sie erkannte plötzlich, daß ihr eigenes Leben in eine neue Richtung ging. Es gab keine Möglichkeit mehr umzukehren. Sie wollte diese Gefühle mit ihrem Vater teilen. Sie wollte ihn bitten, sie auf den Weg zu führen, der sie zu ihrer wahren Natur bringen würde.

„Laßt uns weitergehen, meine Kinder!" Die Worte des Edlen Lehrers rissen Wunderjuwel aus ihren Gedanken, und sie sah, daß ihr Vater und der Novize sich bereits erhoben hatten. Licht des Dharma warf sich den nun leeren Leinensack über die Schulter, und dann gingen sie weiter auf dem ausgetretenen Pfad, einer hinter dem anderen, der Edle Lehrer voran und Licht des Dharma am Schluß. Wunderjuwel bemerkte viele wunderschöne Büsche und Bambuspflanzen am Wegrand. Ab und zu blieb sie stehen, um dem Gurgeln des Flusses zuzuhören. Schließlich erreichten sie die Einsiedelei Lila Wolken.

Als sie vor der Einsiedelei stand, sah sie die Wolken unter sich herziehen. Der Novize zeigte auf den Berg Dong Cuu in einiger Entfernung, und zur Rechten sahen sie das südliche Meer mit seinen wie Austernmuscheln geschwungenen Buchten. Sie war im Paradies, als hätte sie ihr weltliches Leben der Vergangenheit für immer hinter sich gelassen.

Der Edle Lehrer wandte sich an den Novizen: „Meister Bao ist fort. Fege du daher die Einsiedelei aus und bereite den Tee." Dann sagte er zu Wunderjuwel: „Jetzt werde ich dich zum Gipfel des Berges führen."

Er führte sie auf einen anderen ausgetretenen Pfad hinter der Einsiedelei. Sie kamen an einen Paß, an dem ein dichter, blühender Bambushain wuchs, und der Edle Lehrer erklärte ihr, daß dieser Ort „Bambusblütenpaß" genannt werde. Weiter ging es, dem Gipfel entgegen. Er war bedeckt mit Bambuspflanzen, die aus den Felsen herauswuchsen, und Wunderjuwel fand die Mischung aus Bambus und Stein ausgesprochen angenehm. Es gab dort auch zwei Lotusteiche. Die Blumen waren verblüht und hatten Samenschoten zurückgelassen, die auf der Wasseroberfläche dahintrieben.

Wunderjuwel folgte ihrem Vater, bis sie zu einer rechteckigen, ebenen Felsplatte auf der Spitze des Berges kamen. Dort setzten sie sich nieder. Als sie so mit ihrem Vater auf dem höchsten Punkt des Berges Yen Tu saß, hatte Wunderjuwel das Gefühl, sie sei in den Himmel emporgestiegen. Es gab sogar eine Legende, nach der die Götter ab und zu an diese Stelle kamen, um Schach zu spielen und gemeinsam Wein zu trinken. Sie stellte sich vor, daß diese Steinplatte der Tisch war, an dem sie spielten.

Der Edle Lehrer sprach nur wenig, aber Wunderjuwel mußte nur in seine freundlichen Augen schauen, um zu wissen, wie glücklich er war. Bisher war an dieser Stelle noch keine Einsiedelei gebaut worden, aber sie ahnte, daß der Edle Lehrer diesen Platz häufig besuchte. Zweifellos hatte er die Lotusblumen eigenhändig in den Teich gepflanzt. Wunderjuwel erhob sich und schaute in alle Himmelsrichtungen. Der blaue Himmel war unendlich weit, und tief unter ihnen erstreckte sich das Meer. Sie wußte, daß man an einem bewölkten Tag nichts von hier oben sehen konnte, weder den Himmel noch das Meer. Die Hauptstadt lag weit entfernt im Westen. Dort hielt ihr älterer Bruder Hof und regierte über das Königreich. Aber am meisten liebten die Menschen diesen buddhistischen Lehrer, der hier auf dem Stein saß. Früher hatte er die mongolischen Eindringlinge vertrieben und die Grenzen beschützt. Er war gewillt gewesen, sich um der Einigung von Viet und Tschampa willen von seiner eigenen Tochter zu trennen. Hier auf dem Berg gab es keinen Königsthron, keine Festung und keine Soldaten, nur winzig kleine Strohhütten, und hier wohnte das Herz des Landes, das Herz des Weges. Wunderjuwel schaute ihren Vater voller Bewunderung an.

Er drehte sich um und lächelte ihr zu: „Ich wollte dich mit Meister Bao Sat bekannt machen, deinem älteren Dharma-Bruder, aber du mußt dich noch ein paar Tage gedulden. Ich habe ihn heute morgen mit einem kleinen Auftrag in die Stadt geschickt." Bao Sat brachte eine dringende Nachricht vom Edlen Lehrer zu König Anh Tong. Darin bat er, daß dreihundert hervorragende Handwerker aus Tschampa, die in der Stadt arbeiteten, sofort in ihre Heimat zurückgeschickt würden, als eine Art indirekte Entschuldigung für Wunderjuwels Entführung. „Meister Bao Sat wird morgen in der Hauptstadt ankommen. Ich trug ihm auf, dem König zu sagen, er solle den Verlust der dreihundert Kunsthandwerker nicht bedauern, seien sie auch noch so geschickt und talentiert. Ich schlug vor, sie per Schiff zurückzuschikken. Ein Landbesitzer aus dem Distrikt Hao soll als Führer mitfahren. Ich hoffe, daß durch diese Geste die empörten Gefühle der Tscham beschwichtigt werden."

Wunderjuwel war gerührt. Obwohl er hoch oben auf einem Berggipfel saß, fand ihr Vater immer noch Wege, dem allgemeinen Wohl zu dienen. Wie kam es nur, daß dieser schweigsame Mönch die Wege der Welt so tiefgründig verstand? Wunderjuwel mußte ihre Gedanken nicht aussprechen. Sie wußte, daß ihr Vater die geheimsten Gefühle ihres Herzens erschaut hatte. Zweifellos sah er auch den Frieden und die Freude, die an jenem Morgen in ihr erwacht waren. Eine Träne formte sich und hing glänzend wie eine Perle an ihren Wimpern. Ein langer Augenblick verstrich, ehe die Träne genug Gewicht hatte, um hinunterzufallen. Wunderjuwel lächelte sanft. Vielleicht war dies die erste Träne, die auf den Steintisch der Götter gefallen war. Aber es war keine Träne des Kummers. Es war eine Freudenträne.

Perle

Dorf Tigerberg, 1312

Nach einer Tages- und Nachtreise legte das Schiff in Vu Xa an, und Perle stieg mit den anderen Passagieren aus. Sie trug einen Beutel und wunderte sich, wie sie hatte schlafen können, während sie mit allen anderen im Inneren des Schiffes gesessen hatte. Perle war fest entschlossen, den Weg zum Dorf Tigerberg unverzüglich anzutreten. Sie würde dazu einen Vormittag brauchen und hoffte, noch vor der Mittagshitze im Kloster Junger Berg anzukommen. War sie erst einmal dort, würde sie sich im kühlen Schatten der Bäume ausruhen können. Allein der Gedanke an die blühenden Bäume im Innenhof des Klosters gab ihr einen Energieschub.

Sie hatte aufgehört, ihre vielen Besuche bei Schwester Duftende Girlande im Kloster zu zählen. Bei jedem Besuch mußte sie mindestens drei Tage bleiben. Die Reise dorthin dauerte ja nicht lange, aber die Rückfahrt mit dem Schiff gegen die Strömung war anstrengend und langwierig. Diesmal hatte sie Herrn Van Hue Vuong, in dessen Haushalt sie nun arbeitete, gebeten, fünf Tage fortbleiben zu dürfen. Schließlich war es das Geburtstagsfest des Buddha.

Der Markt war zwar schon aufgebaut, als das Schiff anlegte, aber es waren noch mehr Verkäufer da als Kunden. Perle ging über den Marktplatz und folgte der Straße, die durchs Dorf führte. Sie begegnete vielen

Menschen, die zum Markt gingen, und schlug am Ende des Dorfes den Weg durch die Reisfelder ein. Die Reispflanzen kamen aus Tschampa und waren zart und blaßgrün. Sie atmete den süßen, erfrischenden Duft der Reisfelder und des frühen Morgens ein, ging schnell dahin und wechselte ihren Beutel ab und zu von einer zur anderen Schulter. Da sie den Weg genau kannte, konnte sie, ohne zu zögern, voranschreiten.

In ihrem Beutel hatte sie zwei kleine chinesische Tintenfässer, einen majestätischen Pinsel aus Dohlenfedern und vierzehn normale Pinsel, dazu fünfhundert Seiten Papier und einige Backwaren und Früchte, die sie am Tag zuvor gekauft hatte. Die Tinte, die Pinsel und das Papier waren für Schwester Duftende Girlande, während sie das vegetarische Essen und die Früchte für alle im Kloster mitbrachte. Viele vegetarische Knabbereien wurden zu Buddhas Geburtstag in der Hauptstadt hergestellt und verkauft. Schwester Duftende Girlande hatte sie gebeten, bei ihrem nächsten Besuch im Kloster Papier mitzubringen, damit gebundene Hefte für die Schülerinnen und Schüler der Klosterschule hergestellt werden konnten. Fünfhundert Seiten sollten vorerst ausreichen. Am Tage bevor sie an Bord gegangen war, hatte Perle den Papierladen von Khanh besucht, und Khanh hatte ihr das Papier als Geschenk für das Kloster Junger Berg mitgegeben. Tinte und Pinsel brachte sie als persönliches Geschenk für Duftende Girlande mit. Khanh war früher auch eine Dienerin von Wunderjuwel gewesen. Aber jetzt war sie verheiratet und konnte nicht so leicht von zu Hause fortgehen wie Perle, um die Nonne, ihre ehemalige Herrin, zu besuchen.

„Ich hoffe, Khanhs Mann wird diesmal mehr Erfolg in seinem Examen haben“, dachte Perle. Khanh war seit vier Jahren verheiratet. Sie hatte den Papierladen eröffnet, um ihren Mann zu unterstützen, der noch studierte. Ein Jahr nach ihrer Hochzeit hatte Khanh eine Tochter geboren, und das junge Paar hatte das Baby zu Schwester Duftende Girlande gebracht. Jedesmal, wenn Perle ihre ehemalige Herrin besuchte, ging sie beim Laden von Khanh vorbei, um sie zum Mitkommen zu bewegen, aber Khanh war immer zu beschäftigt.

Perle schaute an ihrer Kleidung hinunter auf die Holzschuhe, die sie trug. Zweifellos würde Schwester Duftende Girlande sie ausschimpfen, weil sie sich für ihren Besuch im Kloster nicht schlicht genug angezogen hatte. Dieses Kleid und die Holzschuhe waren das einfachste, was sie besaß, aber nun wurde ihr klar, daß sie doch nicht so schlicht waren, wie sie gedacht hatte. Es fiel ihr schwer, sich wie eine Frau vom Land zu kleiden. Sie war seit ihrem zwölften Lebensjahr im königlichen Palast angestellt. Nach ihrer Rückkehr aus Tschampa diente sie zuerst einer Bediensteten der Königin und arbeitete danach auf Empfehlung von Wunderjuwel im Haushalt von Herrn Van Hue Vuong. Er war ein bekannter Schriftgelehrter, dessen Großherzigkeit seiner beachtlichen Gelehrsamkeit gleichkam. Er versprach Wunderjuwel, sich um Perle zu kümmern, als wäre sie seine eigene Tochter, und er nähme auch die Verantwortung auf sich, einen angemessenen Ehemann für sie zu finden.

Wunderjuwel war nur drei Monate nach ihrer Rückkehr aus Tschampa am Neujahrstag des Jahres 1309 zur Nonne geweiht worden und hatte den Namen Schwester Duftende Girlande erhalten. Perle hatte auch Nonne werden und bei der Prinzessin bleiben wollen, aber Wunderjuwel hatte davon nichts wissen wollen. Sie erklärte Perle, daß Menschen geweiht würden, damit sie danach streben könnten, sich selbst und andere zu befreien, aber nicht, weil sie bei jemandem bleiben wollten. Allerdings konnte sie Perle nur dringend davon abraten, sich zur Nonne weihen zu lassen. Verbieten konnte sie es ihr nicht. „Wenn du darauf bestehst, kannst du dich zur Nonne weihen lassen, aber ich werde es dir nicht gestatten, im selben Kloster zu leben wie ich. Menschen unterwerfen sich den Regeln eines Klosterlebens, um über die weltlichen Bindungen hinauszuwachsen, und nicht, um jemand anderem wie eine Dienerin zur Seite zu stehen. Das gilt auch dann, wenn man für jemanden Respekt und Zuneigung empfindet."

Perle betrachtete sich nicht als besonders intelligent, aber sie wußte, daß die Nonne recht hatte. Sie hatte der Prinzessin seit ihrem zwölften Lebensjahr gedient und sich daran gewöhnt, daß das Glück der Prinzessin ihr eigenes Glück bedeutete. Wenn die Prinzessin wegen irgend etwas besorgt war, machte auch sie sich Sorgen. Als die Prinzessin sie gebeten hatte, mit ihr nach Tschampa zu kommen, war Perle außer sich vor Freude gewesen. Als Khanh nach Hause zurückkehrte, um zu heiraten, war Perle zufrieden gewesen, in Tschampa zu bleiben. Sie war bereit gewesen, einen Mann aus Tschampa zu heiraten, wenn sie dadurch bei der Prinzessin bleiben konnte. Perle erinnerte sich, wie zornig die Prinzessin geworden war, als sie sie gebeten hatte, gemeinsam mit ihr den Scheiterhaufen besteigen zu dürfen. Es war das erste Mal gewesen, daß die Prinzessin sie so bitter gescholten hatte. Es hatte ihr richtig Angst eingejagt. Als sie nach Viet zurückgekehrt waren, hatte sie geglaubt, sie würde ihr ganzes Leben lang bei der Prinzessin bleiben. Wer hätte geahnt, daß Wunderjuwel nur wenige Monate später das Nonnengelübde ablegen würde? Als Perle die Prinzessin bat, zusammen mit ihr zur Nonne geweiht werden zu dürfen, hatte

Wunderjuwel geantwortet: „Es wäre am besten für dich, wenn du in der Obhut von Herrn Van Hue Vuong lebtest. Ich werde dich ihm empfehlen. Er ist ein sehr gütiger Mann. Dann solltest du an einen Ehemann denken. Das Leben einer Nonne ist nicht für jede das richtige."

Perle erinnerte sich, daß es die Prinzessin nach dem Besuch bei ihrem Vater auf dem Berg Yen Tu abgelehnt hatte, sich von Perle mit „Majestät" anreden zu lassen. Sie bat Perle ebenso wie den Novizen Licht des Dharma, sie „Schwester" zu nennen. Es dauerte einen ganzen Monat, bis Perle imstande war, die Prinzessin mit „Schwester" anzusprechen. Sie hätte nie gedacht, daß es so schwierig sein könnte, ein Wort auszusprechen!

Heute hatte Perle wichtige Neuigkeiten. Sie sollte im kommenden November heiraten. Herr Van Hue hatte arrangiert, daß sie einen Herrn Sinh, einen jungen Gelehrten aus dem Norden, heiraten würde. Perle hatte ihn ganz kurz bei einem Besuch im Hause ihres Herrn kennengelernt. Herr Van Hue sagte, daß Herr Sinh ein vielversprechender junger Mann sei. Als sie noch ganz klein war, hatte Perle ihre Eltern verloren, und daher hatte Herr Van Hue die Rolle ihres Vaters übernommen. Er hatte bereits im Februar die Verlobungsgeschenke der Familie Sinh entgegengenommen.

Immer, wenn Perle das Kloster Junger Berg besuchte, freute sich Schwester Duftende Girlande, etwas über die gegenwärtige politische Situation zu hören und darüber, wie es allen gesundheitlich gehe. Sie wollte jedoch nichts über die Intrigen am Hofe und auch keinen Klatsch und Tratsch hören. Perle war von Natur aus sehr gesprächig, und daher besuchte sie gern den Laden von Khanh. Khanh konnte ihr nämlich stundenlang zuhören, ohne sich jemals zu langweilen.

Perle verstand nicht, warum die Prinzessin seit ihrer

Rückkehr nach Viet so anders aussah. Sie wirkte jünger und gelassener. Obgleich Wunderjuwel ihr Leben in Tschampa geliebt und sie sich dort gut und häufig amüsiert hatte, war die Atmosphäre im Palast immer angespannt und ernst gewesen. Als die Prinzessin von dem Besuch bei ihrem Vater auf dem Berg Yen Tu zurückgekehrt war, erschien sie Perle so sorglos und vergnügt wie ein kleines Kind. Sie war wie neugeboren, als hätte der Edle Lehrer sie verzaubert, so daß sie noch einmal ganz von vorn beginnen konnte. Vor noch nicht allzu langer Zeit hatte Wunderjuwel das behütete Leben einer verwöhnten kleinen Prinzessin in einem Palast geführt. Jetzt war sie eine reife Frau und zugleich viel sanfter und offenherziger. Wenn Perle einmal König Harijit oder Prinz Dayada erwähnte, weinte die Prinzessin nicht mehr vor Kummer. Sie wollte ihren Mann und ihren Sohn nicht vergessen, im Gegenteil, sie vermißte beide sehr. Aber dennoch bemerkte Perle eine besondere Qualität in der Stimme der Prinzessin, die auszudrükken schien, daß der König und der Prinz noch immer in ihrer Nähe waren.

Perle hatte die Prinzessin noch nie so bekümmert gesehen wie an dem Tag, als sie die Nachricht erhielten, daß der Edle Lehrer in seiner Einsiedelei Schlafende Wolken auf dem Berg Yen Tu aus diesem Leben geschieden war. Perle erinnerte sich noch sehr genau an diesen Tag. Es war der dritte Tag des elften Monats im Jahre 1308. Der Edle Lehrer ging um Mitternacht am ersten Tag des elften Monats in das Mahaparinirvana ein. Am Mittag des folgenden Tages empfingen die Tempel in der Hauptstadt die traurige Nachricht, und ein Tempelgesandter wurde losgeschickt, um König Anh Tong zu benachrichtigen. Zu der Zeit wohnte Perle im Tempel Selbstgesegnet auf dem Palastgelände. König Anh Tong ließ seine Schwester rufen, und als Wunderjuwel die Nachricht hörte, schloß sie sich einen Tag und eine Nacht lang in ihrem Zimmer ein. Perle wunderte sich, daß die Prinzessin nicht auf den Berg Yen Tu gehen wollte, um der Bestattung ihres Vaters beizuwohnen, obwohl König Anh Tong eigens einen Boten geschickt hatte, um sie einzuladen.

Das gesamte Land befand sich in tiefer Trauer. Die Menschen hatten alle das Gefühl, sie hätten ihren Vater verloren. Perle selbst konnte nicht an den Bestattungsriten auf dem Berg teilnehmen, aber man sagte ihr, daß Tausende anwesend waren. Fünfzehn Tage und Nächte lang wurden die Trauerglocken in allen Tempeln geläutet. Die Prinzessin kniete Tag für Tag im Tempel Selbstgesegnet, bis das Gefäß mit den sterblichen Überresten des Edlen Lehrers vom Berg Yen Tu dorthin gebracht wurde.

Innerhalb eines Monats wurde die Prinzessin Nonne. Sie wurde im Tempel Kraft der inneren Ruhe von Bao Phac, dem Nationalen Buddhistischen Lehrer, geweiht. Er war es auch, der ihr die verpflichtenden Richtlinien übermittelte und den Namen Duftende Girlande gab. Er war einer der bedeutendsten Schüler des Edlen Lehrers. Am Tage nachdem sie die Richtlinien empfangen hatte, trat Schwester Duftende Girlande der Gemeinschaft des Tempels Kraft der inneren Ruhe bei, um ihr Studium des Weges unter Anleitung des Nationalen Lehrers zusammen mit einigen anderen jungen Nonnen fortzusetzen. Im zehnten Monat übergab er Schwester Duftende Girlande die Verantwortung für das Nonnenkloster Tigerberg in der Provinz Nam Dinh, das auf einem felsigen Berg lag. Um dorthin zu kommen, mußte Perle mit dem Schiff den Fluß Nhi Ha bis Vu Xa hinunterfahren und von dort zu Fuß weitergehen.

Als Perle Tigerberg zum ersten Mal besuchte, wurde

sie am Fuße des Berges von einem neun Jahre alten Mädchen namens Morgenröte begrüßt und zum Kloster hinaufgeführt. Morgenröte war die Tochter von Herrn Truc, der die Reisfelder des Klosters bestellte. Sie lebte am Fuße des Berges und besuchte jeden Tag die Klosterschule. Während Perle in einem Gästezimmer wartete, ging Morgenröte, um Schwester Duftende Girlande mitzuteilen, daß ein Gast für sie gekommen sei. Perle hörte, wie Schwester Duftende Girlande fragte: „Wer ist denn unser Besucher?" und das Kind antwortete: „Ich weiß es nicht, Schwester, aber sie trägt ein sehr elegantes Kleid." Perle konnte sich das Lachen nicht verkneifen. An dem Tag hatte sie tatsächlich ein elegantes Kleid getragen. Niemand auf dem Lande kleidete sich so. Überglücklich stellte Schwester Duftende Girlande fest, daß es sich bei dem Gast um Perle handelte.

Sie unterhielten sich, bis es Zeit für den Nachmittagsgottesdienst war. Perle folgte Duftende Girlande in den Andachtsraum und traf die anderen drei Nonnen, die in diesem Kloster lebten. Die älteste hieß Stilles Leuchten und war vierzig Jahre alt. Schwester Duftende Girlande hatte sie gebeten, die Rolle der Äbtissin zu übernehmen. Schwester Duftende Girlande war erst zweiundzwanzig, und die beiden anderen Nonnen waren noch jünger, Schwester Friedensblüte einundzwanzig und Schwester Duftende Pracht siebzehn. Wie Schwester Duftende Girlande hatten auch sie unter dem Nationalen Lehrer den Buddhadharma studiert.

In dieser ersten Nacht schlief Perle im Kloster. Schwester Duftende Girlande machte den Vorschlag, Perle solle bei ihrem nächsten Besuch schlichtere Kleidung tragen. Schließlich war Junger Berg ein einfaches Kloster auf dem Lande. Perle schaute auf ihre Kleidung und dann auf die Nonne. Wer würde je vermuten, daß diese junge Nonne einmal Prinzessin und Königin gewesen war? Ihre braune Kutte war aus grobem Flachs gewebt. Im Andachtsraum trug sie rote Sandalen, aber sonst ging sie immer barfuß. Schwester Duftende Girlande hatte gelernt, eine Hacke zu benutzen, Unkraut zu jäten, zu säen, Dünger zu verteilen und sich um die Gärtnerei zu kümmern. Viele dieser Fertigkeiten hatte ihr ihre junge Schülerin Morgenröte beigebracht. Perle bemerkte, als sie die Hände der Nonne in die ihren nahm, daß sie nicht mehr so weich waren wie früher. Es waren die rauhen und schwieligen Hände einer Frau, die an die Arbeit im Garten und auf den Reisfeldern gewöhnt war. Schwester Duftende Girlande bedeckte ihren Kopf mit einem braunen Tuch wie die anderen Nonnen, und obwohl ihr Gesicht noch immer frisch und strahlend war, hatte sie sich in bemerkenswerter Weise verändert. Die königlichen Kennzeichen waren spurlos verschwunden. So ohne allen Schmuck erinnerte sie Perle an ein junges, grünes Bananenblatt. Obwohl die Nonnen sehr viel arbeiteten, war Perle beeindruckt, wie entspannt Schwester Duftende Girlande wirkte. Immer lächelte sie. Häufig zitierte sie die Worte des Edlen Lehrers: „Ein ruhiges Herz kann alles tun, was es will. Es gibt keine andere Meditationslehre." Es fiel Perle sehr schwer, das zu verstehen. Wie konnte jemand, der so viel zu tun hatte wie Schwester Duftende Girlande, noch Zeit finden, um sich um so viel anderes zu kümmern, beispielsweise um die kranken Kinder im Dorf?

Perle erfuhr, daß das Kloster etwas mehr als einen Hektar Reisfelder besaß, was gerade für das Kloster und für die Familie von Herrn Truc ausreichte. Doch als Königin Bao Tu dem Kloster zehn Hektar fruchtbaren Landes schenken wollte, lehnte Schwester Duftende Girlande dies ebenso ab wie die vier Hektar, die Prinz Hue anbot, und die zwei Hektar, die der oberste Beamte des Distrikts dem Kloster übereignen wollte. Das erzeugte Unstimmigkeiten im Kloster. Schwester Stilles Leuchten, welche die Geschäfte des Klosters beaufsichtigte, diskutierte diesen Punkt ausführlich mit Schwester Duftende Girlande. Sie glaubte, daß das Kloster durch eine Erweiterung seines Landbesitzes zu einem Zentrum für die Übungen werden und viele Schülerinnen anziehen könnte. Außerdem würden die Nonnen dann von ihrer harten Arbeit entlastet. Aber Schwester Duftende Girlande dachte anders darüber. Zuerst verstand Perle auch nicht, warum Schwester Duftende Girlande so großzügige Geschenke ablehnte. Anfang desselben Jahres hatte Königin Bao Tu dem Bao An Tempel mehr als zweihundert Hektar Land geschenkt. Aufgrund der vielen Reisfelder hatten die Mönche jetzt die Zeit und die Mittel, viele Schüler aufzunehmen und gute Werke zu tun. Perle wußte, daß die Nonnen im Kloster Junger Berg materielle Unterstützung dringend nötig hatten. Schwester Duftende Girlande benötigte häufig Medikamente, Papier und Pinsel für die Kinder der Armen im Dorf. Oft unterstützte sie auch die Eltern der Kinder, wenn sie in Not gerieten. Mit ein paar Hektar mehr Landbesitz, dachte Perle, wären die Nonnen in der Lage, noch mehr Sozialarbeit zu leisten.

Perle dachte ausgiebig darüber nach, warum Schwester Duftende Girlande diese Landangebote wohl abgelehnt hatte, und sie konnte es einfach nicht verstehen. Sie wußte, daß die Nonne der Königin und dem Prinzen gegenüber nicht feindselig eingestellt war. Im Gegenteil, sie hatte große Zuneigung zu ihnen. Warum also lehnte sie dann ihre Geschenke ab? Wieviel konnte schließlich diese Gärtnerei, um die sich die Nonne so ausgiebig kümmerte, schon einbringen?

Schwester Duftende Girlande züchtete viele verschiedene Pflanzen, darunter Zypressen, Rhododendren, Pfingstrosen und Magnolien. Die Nonnen verbrachten Stunden damit, Bambusstäbe zu spalten und Körbe von der Größe eines Kürbisses daraus zu flechten, in die sie die Pflanzen einsetzten. Beispielsweise gruben sie Kiefern, wenn sie einen halben Meter groß waren, mit einem großen Erdballen aus und pflanzten sie in die Bambuskörbe. Im Herbst brachten Herr Truc und seine Tochter Morgenröte diese Bäume mit dem Schiff zum Verkauf in die Hauptstadt. Vornehme Leute erwarben sie, um sie in ihren Gärten anzupflanzen oder um sie an Tempel und andere Klöster zu verschenken. Schwester Duftende Girlande widmete sich eingehend und liebevoll der Pflege der klösterlichen Gärtnerei. Sie schätzte jedes Blatt und wandte sich jeder einzelnen Pflanze zu, als wäre sie eine Prinzessin. Perle wußte, auf welchem Markt Herr Truc die Pflanzen zum Verkauf anbot, und sie hatte schon viele Bekannte dorthin geschickt.

An dem Tag, an dem Schwester Duftende Girlande ins Kloster Junger Berg eingezogen war, hatte sie jeden direkten Kontakt zu den Menschen in der Hauptstadt abgebrochen. Perle war die einzige Wohltäterin des Klosters, die aus der entfernten Hauptstadt angereist kam, aber sie hatte nie viel Geld und konnte auch kaum Geschenke mitbringen. Sie konnte nur alle drei bis vier Monate einen Besuch machen und brachte dann jeweils nur eine bescheidene Menge Papier, Tinte, Kerzen, Sandelholz und Früchte mit. Schwester Duftende Girlande nahm nie Geschenke von der königlichen Familie an, akzeptierte jedoch voller Freude alles, was Perle mitbrachte. Darüber war Perle sehr glücklich, und es gab ihr das Gefühl, als stünde sie der Prinzessin so nah wie in den Jahren der Vergangenheit.

Nur eines bereitete ihr Kummer: wenn die Leute ihr Dinge sagten, die sie sich nicht traute, Schwester Duftende Girlande anzuvertrauen. Einmal hatte Herr Van Hue Vuong sie über ihre gefährliche Reise von Tschampa zurück in die Hauptstadt von Viet ausgefragt. Perle hatte ihm in allen Einzelheiten erzählt, wie das Boot der Prinzessin vom Ufer ablegte, um die Zeremonie für den verstorbenen König Harijit durchzuführen, wie sie entführt wurden, wie ihr Schiff später gezwungen war anzulegen, damit die Sturmschäden repariert werden konnten, und wie sie sich versteckt hielten, um auf die Entführung des Prinzen Dayada zu warten. Herr Van Hue Vuong tat einen tiefen Atemzug und sagte dann, wie sehr er bedauere, daß aufgrund der üblen Nachrede einiger weniger die Geschichte so ausgeschmückt worden war, daß es klang, als hätte die Prinzessin eine Affäre mit dem Minister gehabt, der die Entführung leitete. Perle war sehr verärgert. Wie konnte jemand solch eine Geschichte herumerzählen? Die Minister und die Matrosen wußten nur allzu genau, daß nichts dergleichen stattgefunden hatte. Herr Van Hue Vuong befahl Perle, Schwester Duftende Girlande nichts von diesen schlimmen Gerüchten zu erzählen, und Perle gehorchte. Er erzählte ihr dann noch viele andere, äußerst ärgerliche Dinge. Beispielsweise waren einige Mitglieder des Rates nicht einverstanden, daß die Prinzessin nach Tschampa ging, und sagten: „Warum schenken wir einer Horde wilder Dschungelbewohner Zweige aus Gold und Perlenblätter aus der Hauptstadt?“

Sie dichteten Spottlieder über die Hochzeit, in denen es unter anderem hieß: „Was für eine Schande, einen Zimtbaum in den Dschungel zu verpflanzen, damit Harijit, dieser Schuft, draufsteigen kann!“ In einem anderen Lied sollten die Prinzessin und der Minister verleumdet werden: „Welche Schande, deine reinen, weißen Reiskörner mit schmutzigem Wasser zu waschen und auf einem Strohfeuer zu kochen!" „Leute, die so etwas sagen, gleichen dem Frosch, der auf dem Boden eines Brunnens sitzt und glaubt, der Deckel seines Brunnens sei der Himmel", dachte Perle. „Wie konnten sie es wagen, Tschampa ein Land von Wilden zu nennen, wo die Tscham eine so feine Zivilisation und einen so talentierten König besaßen?" Die Einstellung dieser Leute unterschied sich in nichts von dem Spott, den die mongolische Dynastie auf Viet geladen hatte.

„Niemand kennt meine Hoheit besser als ich", dachte Perle. Kein Edelmann hatte Wunderjuwel angerührt, ganz zu schweigen von dem Minister, der die Entführungsoperation befehligte. Solche Gerüchte machten Perle furchtbar wütend. Sie wußte auch, daß Herr Van Hue Vuong recht hatte: Sie sollte die Ohren der Prinzessin nicht mit solchen Gerüchten beflecken.

Der Ortsvorsteher des Dorfes Tigerberg stellte einen Lehrer für die Dorfkinder ein. Es waren einundzwanzig Schülerinnen und Schüler im Alter zwischen sieben und vierzehn Jahren aus wohlhabenden Familien, die sich die Schulsachen leisten konnten. Schwester Duftende Girlande unterrichtete im Kloster gemeinsam mit Schwester Friedensblüte und Schwester Duftende Pracht eine kleine Klasse mittelloser Kinder. Sie hatte die Eltern der Kinder zu Hause besucht und sie überredet, ihren Kindern zu gestatten, die Klosterschule zu besuchen. Der Unterricht fand jeden Nachmittag zwei Stunden lang statt. An Voll- und Neumondtagen sowie an religiösen Feiertagen hatten die Kinder frei. Schwester Duftende Girlande half den Eltern zu verstehen, wie wichtig es war, daß alle Kinder eine Schulbildung hatten. Dadurch würden sie davor bewahrt, allzu leicht von anderen betrogen zu werden. In ihrer Klasse waren sieben Mädchen und neun Jungen. Morgenröte war das älteste Mädchen. Einige Jungen, die bei reichen Leuten die Wasserbüffel hüteten, kamen erst im Dunkeln heim, und die Nonnen hatten noch keinen Weg gefunden, auch ihnen den Schulbesuch zu ermöglichen. Die Kinder der Armen, die in die Schule gehen konnten, waren sehr froh über diese Gelegenheit. Sie studierten die Schriften *Drei Worte in einem Satz, Gedichte mit fünf Worten in einer Zeile* und *Fragen für Anfänger*. Außerdem lasen sie *Die Lehren des Buddha*. Die meisten dieser Bücher hatte Perle gekauft oder in Khanhs Geschäft als Geschenk erhalten. Die fünfhundert Blätter Papier, die Perle in ihrem Beutel trug, würden in Hefte verwandelt werden, damit die Kinder schreiben und lesen lernen konnten.

Perles Gedanken wurden unterbrochen, als sie plötzlich erkannte, daß sie bereits den Marktplatz erreicht hatte. Viele Käufer waren unterwegs, und Perle mischte sich unter sie. Sie stellte ihren Beutel ab und suchte nach Geld, um Süßigkeiten aus Sesam, Dampfklöße und Kuchen zu kaufen. Dann bat sie den Verkäufer, alles sorgfältig in ein trockenes Bananenblatt einzupacken, und legte die Süßigkeiten behutsam in ihren Beutel. Sie verließ den Marktplatz und ging auf die Brücke zu. Von hier war es nicht mehr weit bis zum Dorf Tigerberg. Diesmal konnte Perle drei Tage lang im Kloster bleiben. Es war wohl das letzte Mal vor ihrer Hochzeit, daß sie ihre ehemalige Herrin besuchte. Schließlich waren es bis dahin nur noch sechs Monate.

Perle wollte Schwester Duftende Girlande die Nachricht von ihrer Hochzeit persönlich unter vier Augen überbringen, damit es die anderen Nonnen nicht erfuhren, denn das würde sie in Verlegenheit bringen. Perle war inzwischen dreiundzwanzig und dachte daran, wie dickköpfig sie darauf bestanden hatte, gemeinsam mit der Prinzessin zur Nonne geweiht zu werden. Jetzt konnte sie sehen, wie recht Schwester Duftende Girlande damals gehabt hatte. Seit Beginn des Frühlings verging kein Tag, an dem sie sich nicht vorstellte, wie es wohl sein würde, einen Mann und eine Familie zu haben. Sie konnte nichts gegen diese Gedanken tun. Seltsam! Sie kannte Herrn Sinh gar nicht, und doch konnte sie nach ihrer kurzen Begegnung sein Gesicht einfach nicht mehr vergessen. Die Leute sprachen von der glücklichen Fügung, die zwei Menschen zusammenführt, und Perle hatte das Gefühl, daß in ihrem Fall genau das eingetreten war. Was wäre nur geschehen, wenn Schwester Duftende Girlande ihr erlaubt hätte, Nonne zu werden? Sie konnte ihr eigenes Herz jetzt sehr viel deutlicher sehen und war äußerst dankbar dafür, daß alles so gekommen war. Sie hoffte nur, daß es ihr noch gestattet sein würde, Schwester Duftende Girlande von Zeit zu Zeit zu besuchen, wenn sie mit ihrem Mann zusammenlebte. Vielleicht würde ihr Mann sie sogar begleiten. Sie würde Herrn Sinh liebend gern Schwester Duftende Girlande vorstellen.

Perle kam am Fuße des Berges an, hing sich ihren Beutel über die andere Schulter und ging nun schneller. Die Sonne brannte auf sie nieder, als sie endlich die Klosterglocken hörte. Die Mittagsstunden auf dem Lande waren unheimlich still. Perle dachte sich, daß die Nonnen wohl gerade die Mittagsgesänge singen und Opfergaben darbringen würden. Ja, sie hatte recht. Sie konnte den Klang der hölzernen Trommel hören, der sich mit dem Gesang vermischte.

Sie machte beim Haus der Familie Truc Rast, und Frau Truc, die Mutter von Morgenröte, freute sich sehr, sie zu sehen.

„Fräulein Perle, wie wunderschön, Sie zu sehen! Sind Sie zu Besuch da?"

Auf ihre Fragen hin erfuhr Perle, daß Herr Truc noch auf den Reisfeldern arbeitete und Morgenröte oben im Kloster sei. Frau Truc ging nach draußen, öffnete ein Tongefäß und schöpfte mit einer Kokosnußschale Wasser für Perle. Perle dankte ihr und genoß jeden Tropfen des köstlichen Regenwassers. Es war so erfrischend! Sie drehte die Tasse um und sagte zu Frau Truc: „Später komme ich noch einmal vom Kloster herunter, um Sie und Herrn Truc zu besuchen."

Frau Truc nickte zustimmend. „Ja, ja. Heute nachmittag. Wir würden Sie gern zu Besuch haben. Mein Mann wird sich auch sehr freuen, Sie zu sehen."

Perle nahm ihren Beutel und ging zum Tor hinaus. Sie wandte sich nach links und nahm eine Abkürzung den Berg hinauf. Sie blieb häufig stehen, um sich im kühlen Schatten der Bäume auszuruhen. Im Kloster angekommen sah sie, wie sich einige Kinder im Innenhof neben der Meditationshalle drängten. Unter ihnen erkannte sie auch Morgenröte und ging über den Hof auf sie zu. Die Kinder waren damit beschäftigt, den Lambini-Hain als Kulisse für ein Theaterspiel über die Geburt Buddhas aufzubauen, das sie am nächsten Morgen aufführen sollten. Morgenröte erkannte Perle, rief nach ihr und rannte auf sie zu, um sie zu begrüßen. Die Augen des Kindes glänzten, und ihre Haare streiften über ihre Schultern. Sie trug ein braunes Hemd und graue Hosen.

„Fräulein Perle! Fräulein Perle!" Morgenröte ergriff Perles Arm, nahm ihr den Beutel ab, legte ihn auf die Steinstufe und schaute Perle dann voller Zuneigung an. Perle strich dem Kind über das Haar und fragte: „Ist Schwester Duftende Girlande im Kloster? Ist sie beschäftigt, mein Kind?"

„Die Schwester ist nicht da, Fräulein. Sie ist heute morgen ins Dorf hinuntergegangen und noch nicht zurückgekommen. Aber bitte, kommen Sie doch herein." Morgenröte warf sich den Beutel über die Schulter und wartete, so daß Perle zuerst eintreten konnte.

„Warum ist Schwester Duftende Girlande denn ins Dorf hinuntergegangen?" fragte Perle. „Weißt du, wann sie wiederkommen wird?"

„Die Schwester ist Tante Phung besuchen gegangen, doch weiß ich nicht, wann sie zurückkommt."

Perle war enttäuscht. Sie war in der Hoffnung zum Kloster gekommen, so viel Zeit wie möglich mit Schwester Duftende Girlande zu verbringen. Sie mußte jedoch über ihre Ungeduld lächeln. Sicher würde die Nonne lange vor dem Abend zurücksein.

Als Perle das Gästezimmer betrat, begrüßte sie Schwester Stilles Leuchten voller Respekt mit aneinandergelegten Händen. Sie bat Morgenröte, einige Holztabletts zu bringen, auf die sie den mitgebrachten Kuchen, die Früchte und Süßigkeiten, die chinesische Tinte und das Papier legen konnte. Perle stellte die Tabletts auf den Tisch, und Schwester Stilles Leuchten bat Morgenröte, einen Pflaumentee für Perle zu bereiten. Als sie erfuhr, daß Perle drei Tage lang bleiben konnte, sagte Schwester Stilles Leuchten: „Was für eine schöne Überraschung! Schwester Duftende Girlande wird Gelegenheit haben, alles zu erfahren, was sich in der Hauptstadt ereignet hat. Sind Sie müde nach der Reise? Bitte ruhen Sie sich doch ein wenig aus. Schwester Duftende Girlande wird bald zurücksein. Die arme Schwester! Sie mußte so plötzlich aufbrechen, daß sie nicht einmal Zeit zum Mittagessen hatte."

Als Perle der Nonne versichert hatte, daß sie sich nicht ausruhen müsse, sagte Schwester Stilles Leuchten:

„Ich werde Schwester Duftende Pracht bitten, Ihnen Gesellschaft zu leisten. Bitte entschuldigen Sie mich, aber ich muß noch die Texte für morgen zu Ende schreiben. Zweiundfünfzig Menschen werden sich ganz formell den drei Zufluchtsstätten und den fünf Richtlinien verpflichten. Wir können heute abend noch miteinander sprechen."

Perle stand auf und verbeugte sich vor der Nonne. Bald danach trat die jüngste Nonne Schwester Duftende Pracht ein. Sie lächelte herzlich.

„Hallo, Schwester Perle!"

„Hallo, Schwester Duftende Pracht!"

„O bitte, nennen Sie mich einfach Duftende Pracht. Obwohl ich eine Nonne bin, bin ich doch jünger als Sie!" Duftende Pracht lächelte, setzte sich Perle gegenüber und ergriff ihre Hände.

Schwester Duftende Pracht war tatsächlich noch sehr jung. Perle kannte sie schon seit der Zeit, als sie mit Schwester Duftende Girlande im Tempel Kraft der inneren Ruhe Buddhismus studiert hatte. Schwester Duftende Girlande hatte Schwester Duftende Pracht sehr gern. Als sie merkte, daß die junge Nonne Weisheit und Güte besaß, hatte sie sie am Ende ihrer gemeinsamen Studien gebeten, mit ins Kloster Junger Berg zu ziehen.

„Schwester Duftende Girlande sucht einen Arzt für Tante Phung. Sie hat Schwierigkeiten mit ihrer Schwangerschaft. Der Zeitpunkt der Geburt ist schon sehr nahe, und niemand ist zu Hause, der ihr helfen könnte. Ihr Mann starb letztes Jahr auf einem Kriegszug nach Tschampa, und Mutter und Sohn sind jetzt allein." Phungs Sohn hieß Loi. Er war genauso alt wie Morgenröte und besuchte ebenfalls die Klosterschule.

Plötzlich bemerkte Duftende Pracht das Papier und die Pinsel auf dem Tablett und rief voller Freude: „Sie haben uns Papier und Tinte mitgebracht! Wie wunderbar! Jetzt können wir jedem Kind etwas zu Buddhas Geburtstag schenken. Ich werde heute nacht aufbleiben und für jedes Kind Hefte binden."

Aufgeregte Gesprächsfetzen drangen vom Innenhof herein. Perle schaute hinaus und sah eine Gruppe von Frauen, vier ältere und drei jüngere. Auf ihren Köpfen und Schultern trugen sie Körbe mit Reis, Bohnen, Gemüse und Obst und stellten sie vor der Vorratskammer ab. Es waren Spenden für das vegetarische Festessen zu Buddhas Geburtstag. Jeder Tempel im Land kochte zu diesem Fest ein Mahl für alle Besucher. An dem Tag brauchte niemand hungrig zu sein, auch die in Lumpen gekleideten Bettler am Straßenrand nicht. Jeder, der zum Tempel kam, wurde mit offenen Armen empfangen. Man teilte das Essen gleichermaßen mit den Vornehmen und den Armen. „Was für eine wunderschöne Sitte", sinnierte sie. Sie entschloß sich, später in die Küche zu gehen, um zu sehen, welche vegetarischen Gerichte in dieser Gegend gekocht wurden. Daheim im Hause von Herrn Van Hue Vuong aß sie recht häufig vegetarisch, aber hier auf dem Lande kochten die Menschen zweifellos ganz andere Gerichte.

Einen Moment später kam eine andere Gruppe im Innenhof an. Sie brachten mit Vögeln gefüllte Käfige und viele Fische in großen Tongefäßen. Perle wußte, daß diese Vögel und Fische an Buddhas Geburtstag freigelassen wurden. Nach der morgendlichen Zeremonie, bei der eine Statue des neugeborenen Buddha gebadet wurde, würden die Nonnen die Käfige öffnen und die Vögel fliegen lassen. Am Nachmittag würden dann die Fische im Fluß freigesetzt, wozu sich immer Massen von Menschen am Ufer versammelten. Nach den Gebeten und dem Freilassen der Fische würde jeder eine Kerze anzünden und auf dem Wasser schwimmen lassen. Tausende von flackernden Kerzenbooten trieben jedes Jahr mit der Strömung dahin. Das nannte man „Zeremonie der Befreiung des Lichtes“. Perle hatte schon an vielen solchen Zeremonien in der Hauptstadt teilgenommen, aber dies würde das erste Mal sein, daß sie Gelegenheit hatte, diesem Ritus auf dem Land beizuwohnen.

Duftende Pracht

Es war schon spät in der Nacht. Aus der Küche drang kein Gelächter und kein Gerede mehr herauf, und so dachte Perle, alle seien zu Bett gegangen. Schwester Duftende Pracht ruhte ihre Hände aus. Den ganzen Tag hatte sie in der Küche gearbeitet – Bohnen eingeweicht, Gemüse geschnitten, Schalen aufgestellt. Morgen war Buddhas Geburtstag, und eine vegetarische Mahlzeit für alle Besucher des Klosters zu kochen, war keine Kleinigkeit. Duftende Pracht lächelte vergnügt, als sie in ihrem Zimmer beim Licht einer Erdnußöllampe das Papier, das Perle mitgebracht hatte, in Hefte für die Kinder verwandelte. Sie dachte an die Vögel in den Käfigen, die morgen, wenn die Sonne hoch am Himmel stand, freigelassen werden würden. Sie dachte an die Fische, denen sie frisches Wasser in die Tongefäße gegossen hatte. Sie würden bei Anbruch der Dämmerung freigesetzt. Ein Topf war mit kleinen Babyfischen gefüllt, und sie fragte sich, ob wohl einer von ihnen im nächsten Jahr zu Buddhas Geburtstag wieder gefangen und freigelassen werden würde. Bevor den Vögeln und Fischen die Freiheit geschenkt wurde, erhielten sie die drei Zufluchtsstätten. Dieses Jahr würde das Kloster Junger Berg zwölf Käfige mit Vögeln und fünf große Behälter mit Fischen öffnen und insgesamt zweihundert Vögel und dreitausend Fische befreien.

Oft kauften die Leute kleine Babyfische für die Befreiungszeremonie, weil sie so ganz viele Fische bekommen und sehr viel mehr Lebewesen retten konnten. Duftende Pracht dachte daran, wie viele Fische morgen in ganz Viet freigelassen werden würden. In jedem Dorf gab es einen Tempel, manchmal sogar zwei. Morgen würden so viele Vögel in den Himmel und so viele Fische ins Wasser zurückkehren! Dieser Gedanke machte sie sehr glücklich. Buddha war vor beinahe zweitausend Jahren ins Mahaparinirvana eingegangen, aber dank seiner Güte wurden immer noch zahllose Lebewesen vom Leiden befreit. „Ehre sei dem Avalokiteshvara, dem Bodhisattva der Barmherzigkeit!" murmelte Duftende Pracht. „Morgen wird niemand Hunger leiden. Jeder wird ein vegetarisches Mahl essen, und deshalb wird auch kein Rind, kein Huhn und kein Schwein getötet werden!" In aller Stille dankte Duftende Pracht dem Buddha. Tränen füllten ihre Augen. Jedes Jahr gab es einen solchen Tag, einen Tag, an dem nicht getötet wurde, an dem kein Haß herrschte, an dem niemand hungrig zu Bett gehen mußte. Wenn doch nur alle Tage des Jahres wie der Geburtstag des Buddha wären! Wieviel Glück gäbe es dann für alle Lebewesen!

Duftende Pracht arbeitete weiter an den Heften und überdachte den Tag. Sie hatte am Nachmittag keinen Unterricht gegeben, sondern statt dessen den Kindern geholfen, überall im Kloster Blumengirlanden und Laternen aufzuhängen. Sie hatte ihnen auch bei der Probe ihres Stückes über die Geburt Buddhas geholfen. Morgenröte spielte die Königin Maya, die Mutter des Buddha. Sie trug ein gelbes Stück Stoff, den Rest eines ehemaligen Kleides von Schwester Duftende Pracht. Thom und Uyen spielten die beiden Dienerinnen der Maya. Loi hätte eigentlich die Rolle des weisen Meisters Asita spielen sollen, aber da seine Mutter krank war, hatten sie Thong gebeten, seinen Platz einzunehmen.

Thong hatte sich einen lustigen falschen Bart aus einem Bananenblatt gebastelt, den er an seinem Kinn befestigen konnte, aber er spielte den Asita nicht so überzeugend wie Loi, der die rauhe Stimme eines alten Mannes vollendet nachahmen konnte.

Schwester Duftende Pracht arbeitete liebend gern in der Klosterschule. Da die Kinder alle aus armen Verhältnissen stammten, verbrachten sie den Morgen damit, ihren Eltern bei der Hausarbeit zu helfen, und kamen erst am frühen Nachmittag herauf zum Kloster. Am späten Nachmittag kehrten sie wieder heim und halfen erneut bei der Arbeit mit. Sie waren alle wohlerzogen und einfach zu belehren. Morgenröte wollte Nonne werden wie ihre Lehrerinnen, und man hatte ihr gestattet, wie eine Novizin im Kloster zu leben. Aber Schwester Duftende Girlande hatte gemeint, sie solle lieber warten, bis sie sechzehn oder sogar siebzehn Jahre alt sei, bevor sie entschied, ob sie sich zur Nonne weihen lassen wolle oder nicht. Sie war intelligent und behende, mit Abstand die beste Schülerin in der Klasse. Sie studierte auch die Liturgie und konnte nun schon dem abendlichen Gottesdienst folgen. Schwester Duftende Pracht erkannte sich selbst als kleines Kind in Morgenröte wieder.

Duftende Pracht war das jüngste Kind eines Schullehrers aus dem Distrikt Lo Long. Ihre Mutter starb, als sie gerade zehn Jahre alt war. Ihr älterer Bruder war Mönch im Kloster Tien Lu. Sie wollte seinem Beispiel folgen, mußte aber warten, bis sie sechzehn Jahre alt war, bevor ihr Vater ihr die Erlaubnis gab. Sie wurde Novizin im Tempel Kraft der inneren Ruhe und war, gemeinsam mit Schwester Duftende Girlande, Schülerin des Nationalen Meditationslehrers Bao Phac. Sie studierten miteinander, und Duftende Pracht lernte Schwester Duftende Girlande lieben und respektieren. Als Schwester Duftende Girlande zur Äbtissin des Klosters Junger Berg geweiht wurde, bat Duftende Pracht darum, sie begleiten zu dürfen, und Meister Bao Phac gewährte ihr diesen Wunsch.

Obwohl Duftende Pracht wußte, daß Schwester Duftende Girlande erst seit vier Jahren Nonne war, sah sie in ihr eine große Lehrerin. Sie wußte auch, daß Schwester Duftende Girlande einst eine Prinzessin gewesen war, spürte aber keine Distanz zwischen sich und ihr, die schlichter und einfacher lebte als jede andere Nonne. Sie hatte sogar darauf bestanden, daß Schwester Stilles Leuchten den Rang der Äbtissin einnahm, und nicht sie selbst.

Manche Frauen wurden Nonnen, weil sie in ihrem weltlichen Leben unglücklich waren, andere, um bei Buddha Zuflucht zu suchen. Es war offensichtlich, daß Schwester Duftende Girlande die Gelübde abgelegt hatte, weil sie ein schlichtes und einfaches Leben führen wollte, ein Leben voller Frieden und Freude. Duftende Pracht schätzte sich überglücklich, daß sie bei Schwester Duftende Girlande ihre Übungen machen konnte. Sie hatte in den vergangenen zwei Jahren sehr viel von ihr gelernt. Wäre es ihr nur darum gegangen, ihr Wissen auf dem Gebiet der buddhistischen Studien zu erweitern, dann hätte sie an irgendeinem beliebigen Kloster studieren können. Aber sie lernte von Schwester Duftende Girlande, indem sie bei ihr lebte. Sie kannte viele Nonnen, die die buddhistische Ethik in allen Einzelheiten studiert hatten, aber keine von ihnen strahlte denselben offenen, freien und toleranten Geist des Buddhismus aus wie Schwester Duftende Girlande. Bei vielen Nonnen wirkte die Schlichtheit übertrieben, und es mangelte an der Frische des Anfängergeistes.

Schwester Duftende Girlande lehrte, daß man Befreiung darin finden konnte, wie man sein tägliches Leben führte. Es war nicht etwas, von dem man hoffte, es würde irgendwann einmal in der Zukunft geschehen. Wenn man Befreiung nicht im gegenwärtigen Augenblick erfahren konnte, würde man sie nie erleben. Für Schwester Duftende Pracht war klar, daß Schwester Duftende Girlande ein befreites Leben führte und daß es ihr deswegen möglich war, weil sie die Fesseln des Elends, die normalerweise unser Herz und unseren Geist gefangenhalten, aufgeknotet hatte. Im Gegensatz zu vielen Kommentaren der Sutras waren die Worte von Schwester Duftende Girlande einfach und leicht zu verstehen. Sie erzählte von dem Frieden und der Freude, die sie erlebt hatte, als sie eines frühen Morgens in der Einsiedelei Kleiner Drache den Gesang des Novizen Licht des Dharma hörte. Da hatte Duftende Pracht verstanden, daß ihre ältere Schwester etwas erlebt hatte, was in der buddhistischen Meditation „sterben, um wiedergeboren zu werden“ genannt wird. Deswegen konnte sie solche Seligkeit empfinden. Schwester Duftende Girlande war bereit gewesen, auf den Scheiterhaufen zu steigen und ihren Körper zu Asche verbrennen zu lassen. Aus diesem tiefen Akzeptieren ihres Todes heraus entsprang die Fähigkeit, ein vollkommen neues Leben zu beginnen. Zum ersten Mal in ihren einundzwanzig Jahren verstand sie den Frieden und die Freude, die dann aufsteigen, wenn wir all unseren Sehnsüchten ein Ende setzen. Von diesem Moment an war Schwester Duftende Girlande entschlossen, auch nicht einen einzigen Augenblick ihres Lebens zu verlieren. Sie fand Frieden und Freude in ihrem Herzen bei ihren alltäglichen Aufgaben: beim Dreschen und Schälen von Reis, beim Verteilen von Dünger oder beim Bewässern der Pflanzen. So wollte auch Schwester Duftende Pracht leben. Sie wußte, daß ihren Meditationen noch die Tiefe der Erfahrung fehlte, aber sie vertraute darauf, daß auch sie die Fähigkeit hatte, dasselbe zu erreichen.

Obwohl Schwester Duftende Pracht die Tochter eines Dorfschullehrers war, waren ihr manuelle Arbeiten durchaus vertraut. Als sie ins Kloster Junger Berg kam, suchte sie nach Gelegenheiten, neben Schwester Duftende Girlande zu arbeiten. Das Kloster besaß einen Kornspeicher, und einmal im Monat schälten sie Reis. An Vollmondtagen und zu wichtigen religiösen Feiertagen machten sie Tofu und stellten auch eingelegten Tofu her. Einmal im Jahr kochten sie Miso. Alle Nonnen, von der ältesten bis zur jüngsten, beteiligten sich an diesen Aufgaben. Obgleich Schwester Duftende Girlande in ihrer Jugend eine verwöhnte Prinzessin gewesen war, war sie nach nur wenigen Monaten der Übung ebenso geschickt bei der Arbeit wie alle anderen. Schwester Duftende Girlande ermutigte die anderen Nonnen, sich darin zu üben, beim Schälen von Reis voller Achtsamkeit den Atem zu beobachten. Beim Reisschälen bemerkte Duftende Pracht jetzt, daß sie von dem ständigen Gehen und Kommen ihrer Gedanken nicht mehr so abgelenkt wurde. Statt dessen konzentrierte sie sich mit Achtsamkeit darauf, bei allen ihren Beschäftigungen ihren Atem zu beobachten, ob sie nun den Boden im Andachtsraum fegte, die Blumen auf dem Altar richtete oder nach dem Mittagessen das Geschirr spülte. Schwester Duftende Girlande erklärte, der Unterschied zwischen einem weltlichen und einem auf Befreiung ausgerichteten Leben bestehe darin, daß man Achtsamkeit mitten in seinen alltäglichen Verrichtungen übe. „Wenn wir nicht bei der Arbeit üben, unterscheiden wir uns dann überhaupt von allen anderen?“ Schwester Duftende Pracht war sich bewußt, daß dies eine wichtige Lehre war, und sie war fest entschlossen, sie von ganzem Herzen in jedem Moment anzuwenden.

Schwester Duftende Pracht war von Natur aus flink, ordentlich und tüchtig. Sie mochte es nicht, wenn Aufgaben lange hinausgezögert wurden. Hatte sie etwas zu tun, dann war ihr ganzes Augenmerk darauf gerichtet, es so bald wie möglich anzugehen. Erst wenn die Aufgabe vollendet war, konnte sie sich entspannen. Aber Schwester Duftende Girlande lehrte sie, bei der Erfüllung einer Aufgabe nicht den Wunsch nach ihrer Vollendung zu hegen. Sie sollte imstande sein, Freude und Entspannung in der Aufgabe selbst zu finden. Eines Tages kommentierte Schwester Duftende Girlande die Schrift *Leben des Ehrwürdigen Meisters Tue Trung* und beschrieb, wie ein Mönch, der mit sehr viel Freude die zerrissenen Gewänder seiner Mitmönche flickte, Achtsamkeit beim Nähen übte. Einmal, als er eine Kutte stopfte, durchdrang er die ungeborene und unsterbliche Natur aller Dinge innerhalb von sechs Stichen und erkannte die sechs Kräfte des Buddha. Als sie diese Geschichte erzählt hatte, sagte Schwester Duftende Girlande: „Hätte der Mönch nur daran gedacht, seine Arbeit fertigzustellen, um sich danach zum Meditieren zu setzen, dann hätte er seine Erweckung nicht während des Nähens erlangt."

Diese Geschichte hatte Schwester Duftende Pracht zutiefst beeindruckt. Von da an kehrte sie mit ihrem Bewußtsein immer wieder zu ihrem Atem zurück, wenn sie den Drang verspürte, ihre Arbeit schnell zu Ende zu führen. Mit gütigem Mitgefühl lächelte sie über ihre Ungeduld und erinnerte sich stets daran, ihre Arbeit ihre Übung sein zu lassen. „Wie dumm bin ich nur", dachte sie bei sich, „es gibt doch immer Arbeit zu tun. Wenn eine Aufgabe beendet ist, dann gibt es eine neue. Wenn ich lediglich arbeite, um meine Arbeit zu erledigen, komme ich niemals zu einem Ende!"

Ein kurzes, von einem Meditationslehrer geschriebenes Gedicht kam ihr in den Sinn:

> Wie wunderbar!
> Ich fälle Holz und trage Wasser.
> Wie wunderbar!
> Ich säe Mais und pflanze Kartoffeln.

Zusätzlich zu den Grundsätzen des Tempels Kraft der inneren Ruhe studierte Duftende Pracht die *Surangama-* und *Lankavatara-Sutras*, den Text *Das Erwachen des Glaubens* und die *Blue Cliff Records*. Sie konnte die tiefe Bedeutung dieser Kommentare nicht verstehen. Als sie ins Kloster Junger Berg kam, lehrte Schwester Duftende Girlande sie das *Sutra des vollkommenen Bewußtseins vom Atmen* (Anapanasati). Schwester Duftende Girlande sagte, dies sei eines der ältesten Sutras. Als Buddha noch auf Erden lebte, vollzogen seine Schüler ihre Übungen nach den Anweisungen, die in diesem Sutra enthalten sind. Es verwendete eine einfache Sprache und war leicht anwendbar. Es gab Anleitungen, wie man sich darin üben kann, den Atem für seine bewußte Wachsamkeit zu nutzen. Schwester Duftende Girlande erzählte ihr, daß sie bei ihrem Aufenthalt in Tschampa gehört hatte, wie die Mönche ebendieses Sutra in Sanskrit sangen.

Schwester Duftende Pracht war stolz darauf, daß sie eine so besondere ältere Dharma-Schwester hatte. Schwester Duftende Girlande war eine der ganz wenigen Nonnen, die Sanskrit lesen konnten. Wenn sie für Duftende Pracht die drei Zufluchtsstätten in Sanskrit rezitierte, klang das seltsam und wunderbar zugleich.

Die Übungen von Schwester Duftende Pracht hatten

sich in letzter Zeit sehr vertieft. Sie hatte Gelegenheit, das *Lankavatara-Sutra* erneut zu lesen, und stellte dabei fest, daß sie nun Abschnitte verstand, die ihr vorher selbst bei noch so großer Anstrengung verschlossen geblieben waren. Sie war nun zentrierter und klarer und konnte sich besser auf die Details des alltäglichen Lebens konzentrieren. Diese Einzelheiten riefen sie ständig zu den Wundern des Lebens zurück. Das Meditieren nährte ihre liebevolle Freundlichkeit und Barmherzigkeit, und anders als in der Vergangenheit kritisierte sie andere jetzt nur noch selten. Sie war wesentlich toleranter und konnte andere Menschen mit einfühlsamen Augen sehen. Sie konnte jetzt besser verstehen, warum sich Schwester Duftende Girlande um die Dorfkinder kümmerte, als wäre jedes einzelne ihr eigenes Kind. Schwester Duftende Pracht hoffte, ihren Vater bald besuchen und ihm von den Veränderungen berichten zu können, die die Meditation in ihrem Leben bewirkt hatte. Sie hatte die Hoffnung, auch er würde das Meditieren ausprobieren, um in seinen alten Tagen Glück und Heiterkeit zu genießen.

Im Kloster Junger Berg stand Schwester Duftende Pracht Schwester Duftende Girlande am nächsten. Vielleicht war das so, weil sie beide vom selben Lehrer geweiht worden waren, doch es stimmte auch, daß sie dem, was Schwester Duftende Girlande zu sagen hatte, am offensten gegenüberstand. Sie verstand als erste, warum Schwester Duftende Girlande sich weigerte, mehr Land anzunehmen, obwohl die fraglichen Reisfelder von der Königin persönlich angeboten worden waren. Sie wußte, daß zusätzliche Reisfelder ihr Leben der Übungen schwieriger machen würde. Zweifellos hatte die Königin die Reisfelder in der Hoffnung angeboten, daß die Nonnen dann weniger körperlich arbeiten müßten. Aber es würde noch mehr Zeit in Anspruch nehmen, die Arbeitskräfte für das Pflanzen und für die Ernte zu koordinieren, und sie konnten diese Zeit für ihre Meditationsübungen nutzen. Wenn andere Menschen dem Kloster Felder als Almosen anboten, lag es auf der Hand, warum Schwester Duftende Girlande diese Angebote ablehnte. Wenn sich Lokalpolitiker um Vermehrung ihrer Verdienste bemühten, sollten sie es dadurch tun, daß sie anständig und gut regierten, die Schwachen beschützten und diejenigen unter Kontrolle hielten, die anderen Unrecht zufügten. Sie brauchten dem Kloster kein Land zu schenken. Dennoch konnte Schwester Stilles Leuchten nicht fassen, daß Schwester Duftende Girlande das Landangebot der Königin ablehnte. Sie hatte sich schließlich aber doch der Meinung der Gemeinschaft angeschlossen. Was Schwester Friedensblüte betraf, so war sie vollkommen gelassen, für sie gab es überhaupt kein Problem. So löste sich die Unstimmigkeit, die um das Landangebot der Königin entstanden war, auf harmonische Weise auf.

Schwester Duftende Girlande hatte mit Schwester Duftende Pracht auch über ihren Sohn, Prinz Dayada, gesprochen. „Er ist jetzt knapp vier Jahre alt. Sicher weiß er schon, daß seine Mutter die Königin Parameshvari ist, aber er hat keine Vorstellung davon, wie ich aussehe. Ich bin sicher, daß er die Sprache der Tscham fließend spricht, aber kein einziges Wort unserer Sprache kennt." Als Schwester Duftende Girlande von ihrem Sohn sprach, glänzten ihre Augen. Sie zweifelte keinen Augenblick daran, daß Prinz Dayada zur königlichen Familie nach Tschampa gehörte, und sie wußte auch, daß er von allen gut behandelt wurde. Berichte darüber, daß es im vorigen Jahr zu bewaffneten Auseinandersetzungen zwischen Tschampa und Viet gekommen war, bereiteten Schwester Duftende Girlande offensichtlich großen Kummer. Sie sorgte sich jedoch nicht um die Sicherheit ihres Sohnes, sondern trauerte um den Verlust der freundschaftlichen Beziehungen zwischen den beiden Ländern.

Schwester Duftende Pracht dachte an die traurigen Nachrichten, die Perle über diesen Krieg brachte. Sie hatten am späten Nachmittag darüber gesprochen, noch ehe Schwester Duftende Girlande ins Kloster zurückgekehrt war. Im Hause von Herrn Van Hue Vuong hatte Perle Berichte gehört, die sonst nur wenigen Eingeweihten zugänglich waren. Genau drei Jahre nach dem Tod des Edlen Lehrers war der Krieg ausgebrochen. Obwohl Viet mit den Kriegshandlungen wartete, bis die Trauerzeit vorbei war, waren die Vorbereitungen schon seit langem in vollem Gange. Nach Perles Aussage hatte derselbe Minister, dem damals die Entführung der Prinzessin anvertraut worden war, als erster vorgeschlagen, Krieg gegen Tschampa zu führen. Er entwickelte eine Strategie und bekam die Zustimmung des Rates, sich auf einen Kriegszug zu begeben.

Im Jahr zuvor hatte König Harijitputra den Botschafter von Tschampa in Viet beauftragt, den Viet Gold, Silber und andere wertvolle Dinge als Tribut anzubieten. Derselbe Botschafter war auch für die Verteidigung des Wolkenpasses an der Grenze zwischen Tschampa und Viet verantwortlich gewesen. Der Minister der Viet holte sich zunächst die Zustimmung von König Anh Tong und schloß dann ein geheimes Abkommen mit dem Botschafter von Tschampa. Darin wurde diesem eine hohe Position in Viet versprochen für den Fall, daß eine Armee der Viet erfolgreich nach Tschampa einmarschieren würde. König Anh Tong selbst führte die Infanterie und damit die Expedition an. Prinz Hue brachte Truppen hinauf in die Berge, während ein anderer General seine Kompanie an der Küste entlangführte. Im fünften Monat nahmen die Viet König Harijitputra gefangen und brachten ihn nach Viet. Sein jüngerer Bruder wurde auf den Thron gesetzt, um ein Marionettenregime zu regieren. König Harijitputra befand sich gegenwärtig immer noch unter strikter Bewachung auf einem Landgut in Gia Lam. Obwohl man ihm den Titel „Treuer Lehnsherr" verliehen hatte, war er in Wirklichkeit ein Gefangener.

Schwester Duftende Pracht verstand, wie allein sich Schwester Duftende Girlande fühlen mußte und wie traurig sie über diese letzten Nachrichten sein würde. Nur wenige Menschen verstanden das Herz des Edlen Lehrers wirklich. Viele Leute nannten sich Buddhisten, aber nur wenige hatten das Herz und die Augen des Mitgefühls wie der Edle Lehrer und seine Tochter. Tugendhaftes Verhalten war häufig nur eine Fassade, hinter der sich Ehrgeiz und Konkurrenzdenken verbargen. Solche Männer sprachen von Ehre und Pflicht. Sie behaupteten, es sei notwendig, König Harijitputra zu unterwerfen, weil man ihm nicht trauen könne. Aber inwiefern hatte er jemals seine Vertrauenswürdigkeit verloren? War irgendein Viet jemals an der Grenze zu Tschampa belästigt worden? Die Tscham hatten immer ihren Tribut gezahlt. Die Menschen in Viet verfluchten die Sungs und die Mongolen, weil sie so grausam waren. Warum handelten sie dann ebenso grausam den Tscham gegenüber? Für wen und für welchen Zweck gaben Männer wie Lois Vater ihr Leben auf dem Boden der Tscham? Wie konnten sich die für diesen Krieg Verantwortlichen „Männer der Tugend" nennen? Minister Doan Nhu Hai hatte sogar eine Bronzeglocke und eine buddhistische Statue gießen lassen. Der Nationale Lehrer Bao Phac erzählte Schwester Duftende Girlande, daß alle Minister des Rates sich den verpflichtenden Richtlinien verschworen hatten, als der Edle Lehrer noch am Leben war. Als König Anh Tong seinen Vater um die Acht Bodhisattva-Grundsätze gebeten hatte, folgten die Minister ihm zu Gefallen seinem Beispiel und verpflichteten sich den drei Zufluchtsstätten und den fünf Richtlinien. Aber nach Bao Phacs Ansicht hatten die meisten sich damit nicht wirklich verpflichtet, den Buddhismus zu praktizieren. Sie folgten einfach dem Wind, in welche Richtung er auch immer wehte. Für sie war es nur eine Show, solche Gelübde abzulegen. Schwester Duftende Girlande wußte, daß Zeremonien an sich nicht wichtig waren. Wesentlich war es, dem Geist dieser Gelübde entsprechend zu leben. Waren diese Gelübde zu einem echten Bestandteil des Lebens geworden, dann konnte das Eigentliche entstehen, nämlich Respekt für alle Lebewesen.

Schwester Duftende Girlande wußte auch um den großen Tempel, der mit einem Glockenturm und einem eindrucksvollen Trommelturm im Gedenken an das Dahinscheiden des Edlen Lehrers auf dem Berg Yen Tu gebaut worden war. Die Einsiedelei Kleiner Drache wurde zur Drachenpagode erklärt und mit einem glänzenden roten Ziegeldach bedeckt. Andere Tempel in Viet wurden vergrößert und erweitert. Mehrere tausend Hektar Reisfelder wurden dem Land, das schon den Tempeln gehörte, hinzugefügt. Allein in der Pagode Vinh Nghiem wurden jedes Jahr zwei- oder dreitausend Mönche und Nonnen geweiht. Sie hatte gehört, daß die Pagode Quynh Lam jetzt mehr als vierhundert Hektar Land besaß und über eintausend Menschen beschäftigte. Der Bao An Tempel brüstete sich mit dreiunddreißig Gebäuden, einschließlich einem Andachtsraum, einem

Vorratsgebäude und Unterkünften für die Mönche. Zweihundert neue Zimmer mußten gebaut werden, um die neu geweihten Mönche und Nonnen unterzubringen und Platz zum Studium und für die Übungen zu schaffen.

Phap Loa, der Abt des Klosters, gab 1300 bronzene Buddhastatuen in Auftrag. Die Pagode Vinh Nghiem diente als Zentralbüro der gesamten buddhistischen Gemeinde in Viet, und alle Mönche und Nonnen waren dort registriert. Tausende von Studenten besuchten im Bao An Tempel Kurse über die Lehren des Buddha. Das Interesse am Buddhismus schien noch nie so groß gewesen zu sein. Die Augen von Schwester Stilles Leuchten funkelten, wenn sie über diese Dinge sprach, und auch Schwester Friedensblüte brachte ihre Freude über das Anwachsen der buddhistischen Gemeinde zum Ausdruck. Nur Schwester Duftende Girlande schien keinerlei Enthusiasmus zu zeigen. Zuerst konnte Schwester Duftende Pracht keinen Grund dafür finden. Aber als ihre Dharma-Schwester es ihr erklärte, erkannte sie, daß große buddhistische Tempel und Statuen nicht unbedingt ein Zeichen für das Gedeihen der Übungen sind.

Als der Edle Lehrer vom Bambuswald noch ein Mönch im Kloster Yen Tu war, gab es dort auf dem Berg nur zehn kleine Einsiedeleien, und doch verbreitete sich der süße Duft des Buddhismus in alle Richtungen. Im ganzen Land strebten die Menschen danach, eine Pilgerreise zum Berg Yen Tu, ihrem spirituellen Zuhause, zu unternehmen. Von Zeit zu Zeit kam der Edle Lehrer vom Berg herunter und mischte sich in seiner verblichenen Kutte unters Volk. Er stützte sich auf einen Stab, trug rote Sandalen und hatte nur seine hölzerne Bettelschale bei sich. Überall sammelten sich die Leute, um ihn sprechen zu hören. Er riet den Menschen, sich zu bessern, indem sie sich von unrechtmäßigen Aktivitäten des Körpers, der Sprache und des Denkens fernhielten. Ausnahmslos alle waren vom Anblick des Edlen Lehrers berührt. Hier stand ein König, der allen Reichtümern entsagt hatte und das Leben eines einfachen Mönches führte. Es gab niemanden, der der Wahrheit seiner Worte nicht vertraute. Im Norden verschworen sich die Mongolen nicht mehr gegen die Viet. Im Süden waren freundschaftliche Beziehungen dadurch geknüpft worden, daß ihre Prinzessin zur Königin von Tschampa gekrönt worden war. Alle Menschen lebten in Harmonie, und das war ein echtes Anzeichen dafür, daß der Dharma blühte. Riesige Tempel waren nicht wichtig. Jetzt brachte zwar der gesamte Rat den Klöstern Opfergaben dar und gab Statuen und Glocken in Auftrag, aber dennoch war dies eine rein äußerliche Angelegenheit.

Jeden Sommer organisierte die buddhistische Gemeinde klösterliche Retreats in den vier wichtigsten Tempeln – Bao An, Sung Nghiem, Vinh Nghiem und Quynh Lam – und außerdem auf dem Berg Yen Tu. Jeder Tempel beherbergte zwischen drei- und fünfhundert Mönche und Nonnen. Wenn jemand zum Retreat in Van Yen oder in der Drachenpagode zugelassen wurde, betrachtete man dies als Ausdruck besonderer Verdienste. So hieß es in einem beliebten Volkslied: „Wer wirklich entschlossen ist, einen Geschmack vom Buddhismus zu bekommen, muß zum Berge Yen Tu gehen." Dieses Lied erinnerte die Menschen an den Edlen Lehrer und daran, welche Genugtuung er darin gefunden hatte, ein schlichtes und einfaches Leben zu führen. Schwester Duftende Pracht hoffte, eines Tages auch einmal den Tempel Van Yen besuchen und die Gedächtnis-Stupa sehen zu können, in der die sterblichen Überreste des Edlen Lehrers aufbewahrt waren. Sie zögerte jedoch, weil dort immer solche riesigen Menschenmengen zusammenkamen. Sie vertraute ihre Gedanken Schwester Duftende Girlande an und verriet ihr auch, daß sie hoffte, sie würden eines Tages die Stupa gemeinsam besuchen. Aber Schwester Duftende Girlande schien kein Interesse daran zu haben. Sie sagte, daß sie bereits auf dem Berg Yen Tu gewesen sei. Vielleicht wollte sie ihren ursprünglichen Eindruck von dem Berg für immer in ihrem Herzen bewahren, das Bild des ruhigen Edlen Lehrers, der in der Nähe des Gipfels auf den Bergeshöhen saß. Schwester Duftende Pracht konnte verstehen, warum Schwester Duftende Girlande so fühlte. Dennoch stimmte sie der Gedanke traurig, daß sie eines Tages allein auf den Berg Yen Tu gehen mußte, um den Reliquien des Edlen Lehrers ihre Ehre zu erweisen. Sie würde versuchen, nicht auf die goldenen Türme und die Edelsteine der neuerbauten Tempel zu achten. Statt dessen würde sie die Wolken anschauen, die Kiefern und die Wege, die sich durch die Wälder den Berg hinaufschlängelten, Wege, auf denen der Edle Lehrer Jahre zuvor gegangen war. Wenn ihre Dharma-Schwester und spirituelle Führerin sie nur begleiten würde! Obwohl sie nie die Gelegenheit gehabt hatte, dem Edlen Lehrer zu begegnen, konnte sie seine Gegenwart in seinen Gedichten spüren. Ganz besonders liebte sie das Gedicht „Aufstieg auf den Berg Bao Dai“:

Verlassen liegt die Landschaft da,
das Moos läßt sie uralt erscheinen.
Noch ist sie fahl, im frühen Frühling.
Wolkenverhangene Berge kommen näher,
schwanken dann und verblassen.
Die blütenbedeckten Wege beschattet.
Alles fließt wie Wasser in Wasser.

Ein ganzes Lebensalter lang
verleiht das Herz stets dem Herzen eine Stimme.
An die Magnolie gelehnt
hebe ich die Flöte an meine Lippen,
und Mondlicht durchflutet mein Herz.

Sie mußte daran denken, wie sie das erste Mal das Kloster Junger Berg betreten hatte. Nach seiner Gründung hieß das Kloster zunächst Tigerberg, doch dann änderte Schwester Duftende Girlande diesen Namen. Sie waren zwar auf einem Berg, man konnte ihn jedoch unmöglich mit dem Berg Yen Tu vergleichen. Das Wort „jung" deutete auf etwas Neues hin, etwas noch nicht Entwickeltes. Darin drückte sich die Demut von Schwester Duftende Girlande aus.

Schwester Duftende Pracht hörte, daß der Meditationslehrer Huyen Quang Abt des Klosters Van Yen geworden war. Als er damals zum Mönch geweiht worden war, war er ein Schüler ihres eigenen Lehrers gewesen. Das machte ihn zu ihrem älteren Dharma-Bruder. Sie wußte, daß Huyen Quang die höchsten Prüfungen für Würdenträger des Rates bestanden und zwanzig Jahre lang als Minister gedient hatte, bevor er Mönch geworden war. Er war berühmt wegen seiner Gedichte, die er in der ursprünglichen Nom-Schrift der Viet, aber auch in Chinesisch geschrieben hatte. Unter seinen Meditationsschülern kursierte eines seiner Gedichte, „Kloster Van Yen". Sie hatte eine handgeschriebene Kopie davon, kannte aber die Nom-Schrift nicht gut genug, um das Gedicht ganz entziffern zu können.

Daß sie die Nom-Schriftzeichen nicht fließend lesen konnte, war hauptsächlich die Schuld ihres Vaters, der gegen die Benutzung dieser Schrift war. Er hatte ihr immer gesagt: „Sollten die Nom-Schriftzeichen jemals in allgemeinen Gebrauch gelangen und die chinesischen ersetzen, dann ist dein Vater ein Dummkopf.“ Wie dem auch sei, die einheimische Nom-Schrift wurde jetzt fast überall im ganzen Land verwendet. Ihre Dharma-Schwester besaß zwei Schriften des Edlen Lehrers, die beide in der Nom-Schrift geschrieben waren: *Lieder über die freudvollen Übungen unter den Bäumen* und *Den Dharma im Reich des Staubes genießen*.

Schwester Duftende Girlande hatte in ihren Dharma-Vorträgen aus diesen beiden Schriften zitiert. Obwohl Schwester Stilles Leuchten die Älteste war und als Äbtissin fungierte, verpaßte sie nie eine der Stunden, in denen Schwester Duftende Girlande die buddhistischen Texte auslegte. Jeder war sich bewußt, wie tief sie diese Schriften verstand, und wünschte sich, bei ihr zu studieren. Schwester Duftende Pracht entschloß sich, die Nom-Schrift zu lernen. Eines Tages würde sie ihrem Vater einen Brief in der Nom-Schrift schreiben. Er würde ihn lesen müssen. Schließlich war dies die Schrift ihres eigenen Volkes!

Schwester Duftende Girlande kam an diesem Abend erst spät nach Hause, begleitet von zwei Mädchen mit Fackeln. Bevor sie sich in ihr Zimmer zurückzog, erzählte sie Schwester Duftende Pracht ganz kurz, was geschehen war. Lois Mutter ging es besser, und die furchtbaren Schmerzen in ihrem Bauch hatten nachgelassen. Schwester Duftende Girlande war es gelungen, den Arzt Y Yen zu rufen. Zusätzlich blieb noch eine Hebamme die ganze Nacht bei der Schwangeren, und so konnte Schwester Duftende Girlande beruhigt zum Kloster zurückkehren. Ehe sie fortging, beauftrage sie Loi, sie sofort zu benachrichtigen, wenn es seiner Mutter wieder schlechter ginge.

Schwester Duftende Pracht war in dieser Nacht erst

sehr spät mit den Heften für ihre Schülerinnen und Schüler fertig geworden. Draußen war die Luft still und ruhig, und die Hälfte der Nacht war schon vorbei. Zweifellos schliefen alle anderen in Frieden, und bald würde der Geburtstag Buddhas dämmern. Es würde ein Tag voller Rituale und Zeremonien, und deshalb mußte auch sie sich jetzt ausruhen. Die hölzerne Trommel und der Gong weckten die Frauen im Kloster um fünf Uhr morgens, und um neun Uhr würden die Laien kommen, um an der Zeremonie von Wesak teilzunehmen und für den Frieden zu beten. Zu der Zeit würde auch die Zeremonie stattfinden, mit der die Vögel und Fische in die buddhistische Gemeinschaft aufgenommen wurden. Mittags würde der kleine Buddha im Klostergarten rituell gebadet, und dabei würden die Menschen im Innenhof des Klosters dichtgedrängt zuschauen. Die Kinder hatten ihre Aufführung der Geburt Buddhas gründlich geprobt. Sie würden ihre besten Kleider tragen. Unter einem Bambusgewölbe, das mit Blättern und Blüten aus dem Klostergarten geschmückt war, hatte Schwester Duftende Girlande eine rote Tonstatue des neugeborenen Buddha aufgestellt. Er stand auf einer Lotusblüte, die eine Hand zeigte auf den Himmel über ihm, die andere auf die Erde unter ihm beziehungsweise auf das Wasser unter ihm, denn sie hatte die Statue auf einen Felsen mitten in einem kleinen Teich gestellt. Ein Tonkrug mit Wasser, das nach wunderbaren Kräutern roch, lehnte am Felsen. Alle würden ihre Hände ehrfürchtig vor dem kleinen Buddha aneinanderlegen, ein wenig Wasser aus dem Krug schöpfen und es voller Respekt über die Statue des Erweckten gießen.

Schwester Duftende Pracht stapelte die fertigen Hefte sorgsam auf ihrem Schreibtisch. Voller Achtsamkeit legte sie ihre Kleider ab und folgte weiterhin ihrem Atem, während sie sich auf ihr niedriges Bett legte. Schon bald war sie eingeschlafen und träumte von der Aufführung der Kinder. Loi mit seinem Bananenblattbart spielte den heiligen Asita. Er stützte sich auf einen Spazierstock und trug eine Mönchskutte. Er trat König Suddhodana und Königin Maya gegenüber und schaute in das Gesicht des neugeborenen Prinzen. Dann sprach er mit der heiseren Stimme eines alten Priesters: „Edler Herr, dieser Prinz wird ein Buddha werden, ein Tathagata ..." Der Weise begann zu weinen, denn er wußte, er würde nicht mehr miterleben, wie der junge Prinz zum Buddha wurde. Er sagte noch etwas, das Schwester Duftende Pracht aber nicht hörte. Ihre Aufmerksamkeit war auf die Bananenblüte gerichtet, die in ein Stück gelbe Seide gewickelt war und die Morgenröte in der Hand hielt. Sie spielte die Königin Maya. Plötzlich regte sich die Bananenblüte. Strahlendes Licht kam aus dem kleinen Bündel, und als sie näher hinschaute, sah Schwester Duftende Pracht, daß sich die Bananenblüte in einen wirklichen kleinen Buddha verwandelt hatte, der lächelnd in Morgenrötes Armen lag. Überglücklich kniete Schwester Duftende Pracht vor Morgenröte nieder und betete den Buddha mit zusammengelegten Händen ehrfurchtsvoll an.

Ein Zauberfisch

Loi erwachte früh morgens und schaute nach seiner Mutter. Sie schlief friedlich und atmete gleichmäßig. Er war beruhigt. Er bewunderte die Medizin, die Doktor Y Yen seiner Mutter gegeben hatte. Gestern hatte sich seine Mutter den ganzen Tag vor Schmerzen gekrümmt, aber kaum hatte sie die Schüssel mit den Kräutern gegessen, legte sie sich friedlich hin und konnte schlafen. Später ging der Arzt zum Haus von Frau Truc am Fuße des Berges, um dort die Nacht zu verbringen. Frau Tu, die Hebamme des Dorfes, schlief in Lois Bett, und Loi hatte in der Mitte des Zimmers Stroh ausgebreitet und dort geschlafen. Er hatte sich darauf eingerichtet, die ganze Nacht wach bleiben und nach seiner Mutter schauen zu müssen, aber nachdem sie die Medizin genommen hatte, schlief sie die ganze Nacht durch, und auch Loi hatte tief und fest geschlafen. Nach diesem sorgenvollen Tag war er vollkommen erschöpft gewesen.

Loi ging hinunter in die Küche, um die medizinischen Kräuter vom Vorabend wieder aufzuwärmen. Er nahm etwas Stroh, steckte es in den Herd und wartete. Das Stroh fing Feuer. Er legte weitere Strohbündel nach und blies das Feuer vorsichtig an, bis es hell aufloderte. Dann schaufelte er ein wenig von der Asche beiseite, die sich zwischen den drei Steinblöcken angesammelt hatte, und legte das brennende Stroh dazwischen. Er fügte noch mehr Stroh dazu und legte dann das Eisen darauf, damit das Feuer langsamer brannte. Danach stellte er einen

Topf Wasser auf die drei Steine und behielt das Feuer im Auge, um sicherzustellen, daß es auch gleichmäßig brannte. Nun nahm er ein paar Holzkohlestücke und legte sie auf das Feuer, bis sie brannten. Dann hob er sie mit einer Feuerzange auf und legte sie in den anderen Herd.

Um medizinische Kräuter leicht sieden zu lassen, brauchte man einen Herd mit einem Feuerrost und etwas Holzkohle. Es war nur gerade genug Kohle übrig, um die Medizin seiner Mutter aufzuwärmen. Gestern hatte ihm der Arzt gesagt, er solle genug Holzkohle bereitlegen, um seine Mutter während der Geburt warm zu halten. Doch Frau Tu hatte gemeint, weil Holzkohle zu teuer sei, solle er einen Korb voll Reishülsen sammeln. Damit könne man einen Herd ebenso leicht anzünden. Sie beauftragte ihn auch, trockene Bambuswurzeln zu sammeln. Loi konnte also, wenn es nötig war, erst die Bambuswurzeln anzünden und damit dann die Reishülsen entfachen. Außerdem ließ sie Loi noch ein Stück frischen Bambus besorgen. Sie spaltete ihn und hatten so eine scharfe Klinge, mit der sie die Nabelschnur durchtrennen konnte.

Als er den Herd anzündete, dachte Loi daran, was er alles tun mußte. Zuerst mußte er etwas frischen Reis für Frau Tu kochen. Sie hatten noch einen Topf mit Fisch in Sojasoße. Das würde sicher noch ein paar Tage reichen für Frau Tu und seine Mutter. Aber dann erinnerte sich Loi, daß ja alle den Geburtstag des Buddha feierten und den ganzen Tag nur vegetarisch aßen. Zum Glück fand er einen Topf mit Sesamkörnern, die er mit Salz rösten und als Würze zum Reis hinzufügen konnte.

Am Vortag hatte Loi die Schmerzensschreie und die Tränen, die seiner Mutter über die Wangen liefen, kaum noch aushalten können. Sein Vater war erst vor drei Monaten auf dem Schlachtfeld in Tschampa getötet worden. Wenn seine Mutter jetzt sterben würde, wäre er ein Waisenkind. Sie hatten kein Geld. Wie konnte er einen Arzt rufen? Seine Mutter drängte ihn, nach Frau Tu zu suchen, und Frau Tu tat alles, was sie konnte, um ihre Lage zu verbessern. Sie zerstampfte grünen Ingwer und ließ ihn in Wein ziehen, um ihn dann als Einreibemittel zu verwenden. Sie massierte den Rücken seiner Mutter mit einem Gemisch aus Betelblättern und Haaren. Nichts hatte geholfen. Da erschien Schwester Duftende Girlande. Es war wie ein Wunder.

Loi war sich sicher, daß Morgenröte der Nonne verraten hatte, daß er zu Hause sei, um sich um seine kranke Mutter zu kümmern. Und obgleich Schwester Duftende Girlande keine Ärztin war, hatte ihre Gegenwart in der kleinen Hütte Loi doch versichert, daß alles gut ausgehen würde. In dem Moment, als die Nonne ihre Hand auf die Stirn seiner Mutter legte, verstummten ihre Schmerzensschreie, und sie hörte auf, nach Luft zu schnappen. Sie beruhigte sich und beantwortete die Fragen der Nonne über die Art ihrer Schmerzen. Schwester Duftende Girlande zeigte Loi und Frau Tu eine Methode, Hände und Füße der Frau zu massieren, während sie hinauseilte, um Y Yen zu rufen.

Als die Nonne gegangen war, hatten die Schmerzen seiner Mutter nachgelassen. Loi dachte, daß es seine Mutter sicherlich getröstet hatte zu wissen, daß bald ein Arzt kommen würde. Erst am späten Abend traf der Arzt in Begleitung von Schwester Duftende Girlande ein. Sie wurden von zwei Jungen aus dem Dorf geführt, die brennende Fackeln trugen.

Die Nonne forderte die Jungen auf, die Fackeln zu löschen, und bat Loi, Tee für den Arzt zu kochen. Der Mann fühlte seiner Mutter sehr sorgfältig den Puls und öffnete dann seine große Tasche. Er sagte, ihre Krankheit beruhe auf ihren Sorgen und ihrer Angst, und er verschrieb ihr medizinische Kräuter, die beruhigend und stärkend zugleich wirkten. Als die Kräuter den Anweisungen entsprechend leicht gekocht waren, richteten sie Lois Mutter auf, damit sie die Medizin trinken konnte. Dann half ihr Schwester Duftende Girlande, sich wieder hinzulegen, und deckte sie zu.

„Jetzt wirst du dich viel besser fühlen und dein Kind ohne Komplikationen zur Welt bringen", sagte sie ihr. „Du könntest ja den Namen des Avalokiteshvara vor dem Einschlafen rezitieren. Loi wird diese Medizin morgen früh noch einmal für dich zubereiten."

Die Nonne ergriff die Hände von Frau Tu und gab ihr noch einige zusätzliche Anweisungen. Sie ließ die Dorfjungen die Fackeln wieder in Brand stecken und trug ihnen auf, den Arzt zum Haus von Frau Truc zu führen, wo er die Nacht verbringen sollte. Dann sollten die Jungen zurückkommen und sie zurück auf den Berg begleiten. Bevor sie ging, schärfte sie Loi noch ein, sie sofort rufen zu lassen, wenn sich die Lage seiner Mutter wieder ändern sollte.

Lois Mutter war schon bald friedlich eingeschlafen. Erleichtert trug Loi die Erdnußöllampe zum Herd und wollte etwas Reis für Frau Tu kochen. Aber sie sagte ihm, das sei nicht nötig, weil sie gar keinen Hunger habe. Er setzte sich also neben den Herd und aß etwas von dem übriggebliebenen Reis und dem gesalzenen Fisch.

Frau Tu zog sich einen kleinen Holzklotz herbei und setzte sich neben ihn. „Mach dir keine Sorgen, mein Kind. Ich habe nur Gutes über diesen Arzt gehört. Deine Mutter und das Baby werden ganz sicher gesund und munter sein. Du hast wirklich Glück! Ohne das Eingreifen von Schwester Duftende Girlande hätte solch ein Arzt bestimmt nie seinen Fuß in diese Hütte gesetzt. Dein Zuhause muß sehr viele Verdienste haben."

Loi konnte nicht umhin, sich über das Honorar des Arztes Gedanken zu machen. Als könne sie seine Gedanken lesen, meinte Frau Tu: „Und mach' dir keine Sorgen wegen des Geldes. Da Schwester Duftende Girlande selbst den Arzt gerufen hat, wird sie sicher auch dafür sorgen. Ich wäre auch gar nicht überrascht, wenn der Arzt aus Respekt vor Schwester Duftende Girlande gar kein Honorar verlangen würde. Rufe nur weiterhin den Namen Buddhas an und bete um die Gesundheit deiner Mutter und um eine einfache Geburt. Aber jetzt iß erst einmal dein Abendessen auf! Ich gehe nun zu Bett. Wenn irgend etwas passiert, weck' mich bitte sofort auf."

Loi stand auf und nahm die Lampe, um Frau Tu in ihr Zimmer zu begleiten. Aber sie bedeutete ihm mit einer Handbewegung, daß dies nicht nötig sei. Also setzte er sich wieder hin und nahm mit seinen Eßstäbchen ein kleines Stück Fisch. Jeden einzelnen Fisch in dem Topf hatte er selbst gefangen. Er mußte an den Nachmittag denken, als er am Flußufer saß und angelte und Morgenröte nach ihm gesucht und ihn schließlich gefunden hatte. Schwester Duftende Girlande wollte, daß er ins Kloster käme zur Generalprobe ihres Stücks über die Geburt des Buddha. Lois Korb war bereits halb voll, als Morgenröte ihn fand. Sie blickte in den Korb und rief: „Wie gemein du bist, so viele kleine Fische zu töten! Wie kannst du so etwas nur tun? Sie haben dir nie etwas zuleide getan!"

Loi schaute zu Morgenröte hinauf. Sie trug ein einfaches braunes Hemd. Ihr schwarzes Haar streifte über ihre Schultern. Ihr strahlendes klares Gesicht erinnerte ihn an Sonnenschein, aber ihre dunklen Augen waren intensiv und durchdringend. Er wußte nicht, was er sagen sollte. Hätte jemand anderes diese Frage gestellt, wäre es leicht gewesen zu antworten. Er hätte schlichtweg erwidert, daß Menschen essen müssen, um leben zu können. Seit uralten Zeiten haben die Menschen Reis und Gemüse angepflanzt und Schweine, Hühner und Fische zum Essen gehalten. Die Götter haben den Menschen Reis, Schweine, Hühner und Fische als Nahrung gegeben. Das hatte seine Mutter ihm immer erzählt. Jeder Erwachsene hätte ihm zugestimmt.

Aber Morgenröte konnte er keine solche Antwort geben. Sie war wie eine zarte Pfirsichblüte. Solch eine Antwort gliche einem heftigen Sturm, der die empfindlichen Blütenblätter zerstören würde. Morgenröte war wie ein Stück reines weißes Papier. Solch eine Antwort wäre wie ein Tintenklecks auf diesem Papier. Er wußte, daß sie naiv war, aber er hatte kein Verlangen danach, ihre Naivität zu zerstören. Er fand ihre Unschuld süß und schön. Etwas an ihr erinnerte ihn an Schwester Duftende Girlande. Er wußte, wie sehr die Nonne Morgenröte liebte. Die Nonne war eine Erwachsene, aber auch sie schien diese schlichte Unschuld eines kleinen Kindes zu besitzen. Das war einer der Gründe, warum er sie so sehr respektierte und liebte. Wenn er die Gelegenheit hatte, neben Schwester Duftende Girlande zu sitzen und mit ihr zu sprechen, erfüllte ihn das mit Wärme und Glück. Er kannte keinen anderen Erwachsenen, der so frisch und klar war.

Seine Gedanken wurden von einem plötzlichen Zerren an seiner Angelrute unterbrochen. Er zog einen kleinen Fisch heraus, nicht größer als sein Zeh, und nahm ihn vom Haken.

Morgenröte fragte: „Kann ich mir den Fisch bitte einmal anschauen?“

Loi zögerte, bevor er ihr den Fisch gab. Sie untersuchte die Wunde, die der Haken in seinem kleinen Mund verursacht hatte. Sie streichelte den Fisch, als könne sie seine Schmerzen fühlen.

„Du armer Kleiner! Wie grausam, dich mit so einem scharfen Haken aus deinem Zuhause im Wasser fortzureißen. Ich werde dich freilassen, mein Kleiner. Schwimm aber bitte weit fort von dieser Stelle."

Loi hatte das Gefühl, als wären ihre Worte ebenso an ihn wie an den Fisch gerichtet. Er schaute zu, wie sie den Fisch aussetzte. Sie bewegte ihre Hand im Wasser, um dem Fisch bei seiner Flucht zu helfen. Dann trocknete sie sich die Hände an ihrer Bluse und wandte sich an Loi: „Ich muß jetzt zurück zum Kloster. Vergiß die Probe nicht. Schwester Duftende Girlande wartet auf dich."

Nachdem sie gegangen war, fing Loi keinen einzigen Fisch mehr. Er fragte sich, ob dieser kleine Fisch, den Morgenröte befreit hatte, wohl alle anderen Fische gewarnt hatte. Schließlich packte er sein Angelzeug zusammen und trug den Korb mit den Fischen nach Hause zu seiner Mutter. Er nahm ein Bad und zog sich um, bevor er sich auf den Weg zum Kloster machte.

Als er so dahinging, dachte er an Morgenröte und den kleinen Fisch. Die Begebenheit erinnerte ihn an ein Märchen, das seine Mutter oft erzählt hatte. Es handelte von einem kleinen Mädchen und einem Zauberfisch. Aus Dankbarkeit für die Güte des Mädchens half ihr der Fisch, Königin zu werden. Morgenröte war wie dieses Mädchen im Märchen. Vielleicht würde auch sie eines Tages Königin werden. Und noch eine andere seltsame Verbindung gab es hier. Schwester Duftende Girlande war eine Prinzessin, die Nonne geworden war. Weil Morgenröte der Schwester Duftende Girlande sehr nahestand, würde sie vielleicht wirklich einmal Prinzessin werden.

Als Lois Vater noch am Leben war, hörte Loi oft, wie seine Eltern mit großem Respekt über Schwester Duftende Girlande sprachen. Sie sei eine Prinzessin gewesen, die jüngere Schwester des Königs. Zuerst konnte Loi das kaum glauben. Eine Prinzessin mußte doch in Glanz und Prunk leben. Ihre Kleider sollten aus feinster Seide bestehen, und man sollte sie niemals ohne ihre Dienerinnen sehen. Eine Prinzessin wurde in einer geschmückten Sänfte getragen und von königlichen Wächtern begleitet. Schwester Duftende Girlande dagegen lebte so schlicht und einfach wie die Dorfleute. Es stimmte zwar, daß sie Schuhe trug, aber es waren grobe, aus Palmfasern geflochtene. Ihre braune Leinenkutte war rauh und verblaßt. Sie war nicht einmal so schön wie die braune Bluse von Morgenröte. Nein, er konnte einfach nicht akzeptieren, daß die Nonne eine Prinzessin war, ganz gleich was die Erwachsenen sagten.

Dann war etwas geschehen, das seine Meinung änderte. Eines Tages, als er und sein Vater in der Nähe von Frau Trucs Haus Rüben ausgruben, machte eine Gruppe Reiter am Fuße des Berges halt. Ein Mann in königlichen Gewändern stieg aus einer Pferdekutsche. Königliche Wachsoldaten standen Spalier, als er in eine Sänfte umstieg, die von zwei Dienern den Berg hinaufgetragen wurden. Es war ein glanzvoller Anblick. Die Sänfte und die Kutsche waren mit leuchtendem Rot und Gold bemalt. Loi und sein Vater trauten sich nicht, näher hinzugehen. Nachdem sie noch zwei Scheffel Rüben geerntet hatten, gingen sie zum Haus von Frau Truc, um Wasser zu trinken. Sie sagte, sie hätte den Soldaten gerade Tee serviert, und sie hatten ihr gesagt, daß der Mann in der Sänfte Prinz Hue sei, der seiner Schwester, der Nonne, einen überraschenden Besuch abstattete. Sie erklärte, daß Prinz Hue und Schwester Duftende Girlande jüngere Geschwister des Königs seien.

Loi glaubte allmählich, daß Schwester Duftende Girlande wirklich eine Prinzessin war. Er entschloß sich, am nächsten Tag das Kloster zu besuchen. Er wollte sich die Nonne ganz genau anschauen und sehen, wie eine Prinzessin wirklich aussah. Am nächsten Nachmittag begegnete er ihr auf ihrem Weg hinunter zum Klostergarten. Er legte seine Hände zur Begrüßung aneinander und fand Schwester Duftende Girlande so sanft und bescheiden wie immer. Gewiß trug sie keine Anzeichen königlichen Blutes. Wieder zweifelte er daran, daß sie wirklich eine Prinzessin war. Vielleicht war sie eine Prinzessin, die im Körper einer Nonne gefangen war, so wie der Märchenprinz im Körper eines Frosches. Vielleicht würde sich Schwester Duftende Girlande eines Tages in eine strahlende Prinzessin zurückverwandeln. Dann würde er sich an ihrer Schönheit satt sehen können. Aber dieser Gedanke erfüllte ihn mit einer plötzlichen Befürchtung. Wenn sie sich wieder in eine Prinzessin verwandelte, würde er es dann wagen, sich ihr zu nähern? Würde sie ihn noch beim Namen rufen und ihm über den Kopf streichen, wie sei es jetzt tat?

Eines Tages, als Loi und Morgenröte der Nonne halfen, Bambuskörbe den Berg hinunter in die Gärten zu tragen, nahm er seinen ganzen Mut zusammen und fragte die Nonne, ob sie eine Prinzessin sei. „Nein", erwiderte sie, „nicht mehr. Ich war einmal eine Prinzessin, aber jetzt bin ein gewöhnlicher Mensch wie jeder hier im Dorf Tigerberg."

Morgenröte fragte: „Warum hast du denn aufgehört, eine Prinzessin zu sein, und bist eine Nonne geworden? Warst du denn als Prinzessin nicht glücklicher?"

„Ein Prinzessin zu sein, macht nicht so viel Freude,

wie ihr Kinder euch das vorstellt", entgegnete die Nonne. „Als Nonne bin ich viel glücklicher, als ich es jemals als Prinzessin war. Wäre ich immer noch eine Prinzessin, könnte ich jetzt nicht mit euch auf diesem Bergpfad gehen. Es ist harte Arbeit, eine Prinzessin zu sein. Allein sich zu frisieren und anzuziehen ist eine Tortur!"

Loi dachte erneut an den kleinen Fisch, den Morgenröte am Nachmittag freigelassen hatte. In dem Märchen wurde ein einfaches Bauernmädchen namens Tam dank eines kleinen Fisches zur Königin. Könnte mit Morgenröte dasselbe geschehen? Loi erinnerte sich an eine andere Version dieser Geschichte, die Schwester Duftende Girlande den Kindern einmal erzählt hatte. Es sei die wahre Geschichte einer Königin namens Y Lan, hatte sie versichert. Y Lan wurde in einer einfachen Bauernfamilie geboren. Als Kind sammelte sie Maulbeerblätter und kümmerte sich um Seidenraupen in der Nähe des Dorfes Bac Ninh. Sie hieß Tam und war wunderschön. (Wie Morgenröte, dachte Loi.) Tam hatte eine jüngere Halbschwester von derselben Mutter, die Tscham hieß. Tscham fing die Fische, die Tam als Haustiere in einem Brunnen hielt, kochte sie dann und verspeiste sie. Heimlich vergrub sie die Gräten, aber Buddha erschien Tam und verriet ihr, wo sie sie finden könne. Er beauftragte sie, die Gräten zu holen, sie unter ihrem Bett zu vergraben und nach einhundert Tagen wieder auszugraben. Das tat sie, und zu ihrer Überraschung fand sie ein Paar wunderschöne Sandalen. Sie paßten ihr wie angegossen. Weil sie ein wenig feucht waren, stellte sie sie zum Trocknen in die Sonne. Da kam eine Krähe, trug eine der Sandalen in ihrem Schnabel davon und ließ sie in den Palast des Königs Ly Thanh Tong fallen.

Als der König diesen wunderschönen Schuh sah, wollte er seine Besitzerin finden. Er befahl allen Mädchen im ganzen Land, in den Palast zu kommen und diese Sandale anzuprobieren. Tam war mit dem Einsammeln von Maulbeerblättern beschäftigt und erfuhr nichts von dem kaiserlichen Edikt. Seltsamerweise paßte der Schuh niemandem.

In dem Frühling reiste der König mit seiner Kutsche zur Maulbeerenpagode, um dem Buddha seinen Respekt zu erweisen. Überall drängten sich die Menschen in ihren schönsten Kleidern, um einen Blick auf den König zu erhaschen. Als seine Kutsche durch das Dorf Bac Ninh kam, sah der König eine junge Frau, die Maulbeerblätter pflückte. Sie war die einzige, die sich nicht zur Menge gesellt hatte. Er befahl anzuhalten, rief die junge Frau zu sich und fragte sie, warum sie nicht bei den anderen sei, um ihn willkommen zu heißen. Die fleißige und schöne Tam antwortete, daß sie es nicht wage, auch nur einen Augenblick Pause zu machen, weil ihre Familie so arm sei. Der König war tief bewegt und trug ihr auf, von ihrer Familie gerade so lange fortzugehen, um in die Hauptstadt zu kommen und die geheimnisvolle Sandale im Palast anzuprobieren. Kurz danach heirateten sie, und der König gab ihr den Namen Y Lan. Er baute ihr einen Palast und stellte einen buddhistischen Gelehrten zu ihrer Unterweisung ein. Königin Y Lan gebar einen Prinzen, der später König Ly Nhan Tong wurde.

Selbst als Königin arbeitete Tam weiterhin so hart wie zuvor auf dem Lande. Sie half ihrem Mann, das Land zu regieren und die Wirtschaft des Reiches zu entwickeln. Sie organisierte den Hof und überwachte die Bildung der Kinder. Sie distanzierte sich nie von dem harten Leben des Volkes. Sie wußte, daß es in ihrem alten Dorf Diebe gab, die Wasserbüffel stahlen und aßen. Doch die armen Bauern brauchten ihre Wasserbüffel, um ihre Felder zu bestellen. Daher bat sie den König, solche Diebe zu bestrafen und die Bauern dadurch zu unterstützen, daß man ihnen ihre Schulden den reichen Landbesitzern gegenüber erließ. Darüber hinaus befahl der König, daß alle Kinder, die man als Diener in die Haushalte reicher Bürger geschickt hatte, um die Schulden ihrer Eltern zu bezahlen, nach Hause zurückkehren sollten. Er half sogar, einige von ihnen zu verheiraten.

Die Leute liebten ihre Königin und priesen ihre Güte in Liedern. Sie nannten sie „Tochter des Quan Am, des Bodhisattva der Barmherzigkeit". Ihre liebevolle Güte war ein Geschenk für die Menschen. Diese Tam war nicht so wie die Tam in der Geschichte, die Lois Mutter erzählte. In der Geschichte von Schwester Duftende Girlande hatte Tam ihrer Schwester, die ihre Fische gegessen hatte, vergeben, und auch ihre Mutter haßte sie nicht.

Die Kinder liebten die Geschichte von Tam, wie die Nonne sie erzählte, und wenn die Nonne sagte, daß sie wahr sei, dann mußte sie ja wahr sein. Loi konnte sich nicht erinnern, daß Duftende Girlande ihnen jemals etwas Unwahres gesagt hatte. Sie hatte ihnen ein Buch über die Königin Y Lan gezeigt, *Die Geschichte der Dritten Königin der Lyn Dynastie*, und hatte ihnen versichert, daß sie es in zwei bis drei Jahren selbst würden lesen können. Loi sehnte sich nach diesem Tag. Er hatte beschlossen, eifrig zu studieren. Schließlich hatte selbst Tam, die immer so beschäftigt war, noch Zeit für ihre Studien gefunden.

Loi verstand, daß es nur Schwester Duftende Girlande zu verdanken war, daß die ärmsten Kinder des Dorfes zur Schule gehen konnten. Früher hatten nur die Kinder reicherer Leute eine Schulausbildung bekommen. Reiche Jungen schauten auf Jungen wie Loi herab, weil sie in ihren Augen keine Zukunft hatten. Während die reichen Jungen in die Schule gingen und spielten, waren Jungen wie Loi damit beschäftigt, Wasserbüffel zu hüten, Kartoffeln auszugraben oder Schnecken zu sammeln. Aber jetzt hatte auch Loi Gelegenheit zu studieren. Unglücklicherweise wurde es immer schwieriger, Zeit dafür zu finden. Seit dem Tod seines Vaters war Loi der Mann im Haus und mußte mehr Verantwortung übernehmen. Und nun würde seine Mutter bald ein Kind gebären. Insgeheim hoffte Loi, daß es ein Mädchen sein würde, so sanft und schön wie Morgenröte. Er würde seine Mutter bitten, sie Tam zu nennen, und er würde einen Fisch für sie fangen, den sie sich als Haustier halten konnte. Und wer weiß, vielleicht würde seine eigene Schwester eines Tages eine Prinzessin werden.

Es kam Loi sehr merkwürdig vor, daß Schwester Duftende Girlande sich von einer Prinzessin in einen gewöhnlichen Menschen verwandelt hatte, während Tam von einem Bauernmädchen zur Königin wurde. Dieser Gedanke wärmte ihm das Herz. Seine Zuneigung zur Nonne und zu deren Schützling Morgenröte erfrischte sein ganzes Wesen. Schließlich hatte er es der Nonne zu verdanken, daß er und Morgenröte sich kennengelernt hatten und Freunde geworden waren. Er wußte, daß Morgenröte ihn wegen der Fische nur ausgeschimpft hatte, weil sie ihn mochte. Es gab nicht oft Gelegenheit, sich mit Morgenröte zu unterhalten, aber sie war nie weit von seinen Gedanken entfernt. Sie glich einem einsamen Schmetterling, der über den Senfblüten flatterte. Er wagte nicht, dem Schmetterling zu nahe zu kommen, aus Angst, er würde womöglich fortfliegen.

Morgenröte war sanfter als er. Sie fing keine Fische. Sie tötete keine Lebewesen, nicht einmal Schnecken oder Insekten. Wie die Nonnen lebte sie vegetarisch.

Einmal traf er sie, wie sie im Klostergarten zu einem Rhododendron sprach, als wäre er ein kleines Kind, das alle ihre Worte verstehen konnte. Zuerst dachte er, sie spiele einfach nur ein kindisches Spiel. Aber dann sah er bei anderer Gelegenheit, wie Schwester Duftende Girlande die Blätter einer Kamelie wusch und dabei sanft zu der Pflanze sprach. Er wußte, daß die Nonne nicht einfach nur ein kindisches Spiel spielte, obwohl es ihm sinnlos vorkam. Wie konnten Pflanzen die Sprache der Menschen verstehen? Die Nonne spürte seinen Blick und schaute auf. Sie lächelte und antwortete ihm, als könne sie seine Gedanken lesen.

„Denke nicht, daß die Pflanzen unsere Sprache nicht verstehen oder daß sie nicht sprechen können. Pflanzen sprechen mit ihren Blättern und Blüten. Wenn wir empfindsam genug sind, können wir hören, was sie sagen. Pflanzen erleben Trauer und Freude ebenso wie wir. Sieh nur, wie findig diese Kamelie ist, daß sie solche vollendeten Blüten hervorbringt! Wenn wir eine Pflanze lieben, wird sie uns auch lieben."

Loi liebte und respektierte die Nonne. Er tat sein bestes, ihrem Beispiel zu folgen, aber er fühlte, daß seine Verbindung zu ihr nicht so eng war wie die von Morgenröte. Manchmal hatte er das Gefühl, nicht einbezogen zu sein. Wenn sie gemeinsam im Garten saßen, hatte er den Eindruck, daß die Nonne und Morgenröte dort vollkommen gegenwärtig waren, wohingegen er immer noch von der Welt da draußen gezogen wurde.

Plötzlich erkannte Loi, daß er nicht wollte, daß Morgenröte eine Prinzessin würde, denn dann würde er sie ja nie wiedersehen. Nie wieder würde er Bambuskörbe mit ihr den Berg hinuntertragen können, nie wieder würde er neben ihr im Klostergarten sitzen können. Er hoffte, daß der kleine Fisch, den Morgenröte freigelassen hatte, von niemandem aufgegessen würde. Er versprach sich, daß er, wenn er je wieder einen solchen Fisch finge, ihn in den Fluß zurückwerfen würde. Er wollte, daß die Nonne für immer eine Nonne und Morgenröte für immer Morgenröte bliebe. Er wollte auch nicht, daß seine kleine Babyschwester eine Prinzessin würde.

Schwester Duftende Girlande lebte nicht mehr in einem Palast wie vor langer Zeit die Königin Y Lan, aber sie war für viele Menschen einschließlich seiner Mutter und ihm selbst wie eine feste Säule. Ohne ihr Eingreifen hätte seine Mutter wohl nie die Medizin bekommen, die sie benötigte. Die Füße von Schwester Duftende Girlande mußten schmerzen, nachdem sie viele Stunden gelaufen war, um den Arzt zu holen.

Lois Gedanken wurden von einem plötzlichen Schrei unterbrochen, gefolgt von Frau Tus Stimme, die seinen Namen rief. Der Reis war schon gar, und der Topf mit Wasser kochte. Es dämmerte bereits. Er beeilte sich, das Feuer unter dem Topf auszulöschen, und lief ins Haus. Seine Mutter stöhnte. Sie hielt sich krampfhaft am Bettrand fest, und ihr Gesicht war schweißüberströmt. Frau Tu fühlte ihren Bauch und wandte sich dann an Loi: „Die Zeit deiner Mutter ist gekommen. Sammle ein paar Holzstücke und zünde ein Feuer im Ofen an. Wenn der Rauch fast weg ist, bring die verkohlten Holzstücke herein. Wir werden die Reishülsen im Herd verbrennen, um deine Mutter warm zu halten."

„Wird sie es überstehen?"

„Aber ja doch. Beruhige dich und zünde das Feuer an. Die Wehen sind immer so."

Loi sammelte Holz und ging in die Küche. Er arbeitete schnell. Bald stieg der Rauch auf, und er hörte, wie seine Mutter wieder aufschrie. Es war ein mitleiderregender Schrei. Voller Angst eilte er ins Zimmer, aber Frau Tu schickte ihn weg.

„Hinaus in den Hof mit dir! Und komm erst wieder herein, wenn ich dich rufe!"

Gegen seinen Willen ging Loi auf den Hof zurück. Sein Herz schien zu brennen. Er rief den Namen von Quan Am an und betete, daß seine Mutter sicher durch alle Gefahren hindurchginge. Er spürte die Angst in jeder Faser seines Körpers. Wenn seiner Mutter etwas zustöße, was würde er dann tun? Er wäre vollkommen allein auf der Welt. Wenn nur Schwester Duftende Girlande bei ihnen wäre, das würde ihn beruhigen. Vielleicht sollte er hinauf ins Kloster rennen. Er zögerte und war sich nicht sicher, was er tun sollte. Nein, er konnte nicht fortgehen. Wenn Frau Tu ihn nun brauchte, um schnell etwas zu besorgen? Bis zum Kloster war es ein langer Weg. Er wäre erst am Nachmittag wieder da. Er hatte keine Zeit, die Nonne zu rufen.

Plötzlich hörte Loi die Klosterglocken läuten, und das Läuten vermischte sich mit dem Klang der hölzernen Trommeln. Die Zeremonien für die Geburtstagsfeier des Buddha hatten begonnen. Schwester Duftende Girlande und die anderen Nonnen würden ihre safranfarbenen Festgewänder tragen. Loi wußte, daß sich viele viele Menschen im Kloster versammelt hatten. Morgenröte und all die anderen Kindern waren dort, um den Moment zu feiern, in dem Buddha in diese Welt kam. Und in diesem Augenblick hörte Loi den Schrei eines Säuglings. Seine Mutter hatte ein Kind geboren! Er wollte sofort hineinstürmen, aber er befürchtete, daß Frau Tu ihn wieder hinausjagen würde.

„Kann ich jetzt hineinkommen, Frau Tu?" rief er.

„Ja, ja, komm herein!"

Loi stürzte ins Zimmer. Seine Mutter schaute ihn

vom Bett aus an und lächelte schwach. Neben ihr lag ein kleines Baby, in ein altes Hemd seines Vaters gewickelt. Frau Tu legte gerade die Plazenta in einen Tonkrug. Dann wandte sie sich an Loi: „Großes Glück ist heute deinem Haus widerfahren, Loi. Deine Mutter hat gerade einen gesunden Jungen zur Welt gebracht. Setz dich zu ihr. Ich muß kurz hinausgehen und das hier vergraben."

Loi fühlte seiner Mutter die Stirn. Sie war kühl. Liebevoll schaute er auf seinen kleinen Bruder. Er hatte aufgehört zu schreien und war schon eingeschlafen.

„Er ist wirklich süß, Mutter. Weißt du schon, wie du ihn nennen wirst?"

Lois Mutter antwortete mit schwacher aber glücklicher Stimme: „Noch nicht, mein Lieber. Frau Tu schlug vor, ihn Da zu nennen, aber ich dachte daran, die Nonne zu bitten, ihm einen Namen zu geben. Erst einmal werden wir ihn ‚kleiner Bruder' nennen."

„Du bist sicher müde und hungrig, Mutter. Ich gehe nach unten und bringe dir eine Schale heißen Reis. Ich lege auch ein wenig gesalzenen Fisch dazu."

In dem Moment kam Frau Tu herein und sagte: „Gesalzenen Fisch kann sie erst in zwei bis drei Tagen essen. Wir streuen einfach etwas Sesamsalz auf den Reis. Vergiß auch nicht, daß heute der Geburtstag Buddhas ist und wir nur vegetarisch essen sollten!"

Loi wollte schon hinunter in die Küche gehen, doch Frau Tu hielt ihn auf. „Laß nur! Ich werde mich um den Reis kümmern. Zieh du dich um, lauf hinauf zum Kloster und bring der Nonne die gute Nachricht. Nun geh schon, fort mit dir! Ich werde mich um alles hier kümmern, und ich kann auch ein Feuer machen."

Lois Mutter sah, daß er zögerte, und versicherte ihm: „Tu, was sie sagt, mein Kind. Geh hinauf zum Kloster und bring den Nonnen die gute Nachricht. Vergiß aber nicht, dir die Hände und das Gesicht zu waschen.“

Loi ging hinaus hinter die Küche und wusch sich mit Regenwasser aus einem großen Tongefäß. Dann zog er frische Sachen an und verabschiedete sich von seiner Mutter und Frau Tu.

Als er zum Tor hinausging, hörte er noch immer den charakteristischen Rhythmus der Klosterglocken in der Ferne. Er glaubte sogar, ganz schwaches Singen zu hören, hielt es dann aber doch für seine Einbildung. „Das Kloster ist gewiß zu weit entfernt, als daß ich das Singen hören könnte“, dachte er. Er wollte das Kloster so schnell wie möglich erreichen, aber es war ein langer Aufstieg, und so hatte er Zeit, an seine Mutter zu denken, an seinen neuen kleinen Bruder und auch an Schwester Duftende Girlande und Morgenröte. Das waren die vier Menschen, die er über alles in der Welt liebte. Schweigend betete er zum Bodhisattva der Barmherzigkeit und bat ihn, diese Menschen vor Krankheit und Unglück zu bewahren.

Als Loi im Kloster eintraf, war die Rezitation der Liturgie vorüber, und die Nonnen hatten sich zurückgezogen, um das rituelle Bad des Buddha vorzubereiten. Das Kloster war vollgestopft mit Menschen. Loi vermutete, daß das ganze Dorf da war. Alle hatten ihre besten Kleider an, und Loi war am bescheidensten angezogen. Er wartete draußen, bis die Nonnen herauskamen. Sie trugen gelbe Gewänder über ihren gewohnten braunen Kutten, und Loi legte seine Hände aneinander und verbeugte sich. Schwester Duftende Girlande mußte nur in seine Augen schauen, um zu wissen, daß das Baby gesund zur Welt gekommen war.

„Hat deine Mutter einen Jungen oder ein Mädchen bekommen?“

„Meine Mutter hat einen Jungen geboren, verehrte Schwester."

Die Nonne bat Loi, ihr in den öffentlichen Klostergarten zu folgen und an dem zeremoniellen Bad Buddhas teilzunehmen. Morgenröte und die anderen Kinder warteten schon, bereit, das Stück aufzuführen, das sie geprobt hatten. Alle Dorfleute, die Kinder vorn und die Erwachsenen dahinter, umringten den kleinen Teich mit dem geweihten Wasser. Sie wichen zur Seite, damit die Nonnen unbehindert eintreten konnten, und da Loi bei Schwester Duftende Girlande war, kam er ohne Schwierigkeiten bis ganz nach vorn.

Die Menschen wandten sich der Statue des neugeborenen Buddha zu und legten ihre Hände ehrfürchtig aneinander. Schwester Stilles Leuchten sang die einleitenden Verse der Zeremonie und rezitierte dann das Sutra vom Goldenen Licht. Obwohl es eine formelle Zeremonie war, herrschte eine besonders vergnügte und heitere Stimmung, und alle sangen mit großem Enthusiasmus. Anschließend rezitierten die Nonnen die *Drei Zufluchtsstätten* und die *Widmung des Verdienstes*. Als sie damit fertig waren, wurden die Vogelkäfige geöffnet, und Hunderte von Vögeln flatterten unter den Jubelrufen der Anwesenden in die Freiheit.

„Lang lebe der König, der höchste Herrscher im Land!" rief Schwester Stilles Leuchten. Und wie aus einem Munde antwortete die ganze Gemeinde: „Der König!" „Lang lebe das Volk und das Land der Dai Viet!" rief sie. Und wieder antwortete die Menge wie ein Echo: „Dai Viet!" Ihre Hochrufe schallten über den ganzen Berg.

Schwester Stilles Leuchten sprach weiter: „Mögen die Menschen in diesem Land in Frieden leben. Möge es in allen Himmelsrichtungen keinen Krieg mehr geben. Möge es im Bereich der Lebewesen keine Übeltaten mehr geben. Mögen alle Wesen auf dem Wahren Weg vereint sein."

Die Menschen riefen: „Ehre dem Shakyamuni Buddha!"

Loi empfand ein Glücksgefühl wie nie zuvor. Er schaute auf und sah, wie die freigelassenen Vögel in den blauen Himmel flatterten. Einige von ihnen ließen sich auf den Ästen über der Menge nieder, als wollten sie die Feier noch nicht verlassen. Loi wußte, daß alle diese Vögel am Morgen die drei Zufluchtsstätten erhalten hatten, und in diesem Moment kannte seine Freude keine Grenzen mehr. Er wünschte, auch er könnte mit den Vögeln fliegen und von oben auf die frohe Schar der Anwesenden hinunterblicken.

Die Stimme von Schwester Duftende Girlande erhob sich über die Menge. „In der Nacht hatte Königin Maya einen glückverheißenden Traum. Ein weißer Elefant mit sechs Stoßzähnen kam vom Himmel herunter und drang ganz sanft in ihre Seite ein. Als sie am folgenden Morgen aufwachte, erzählte sie König Suddhodana ihren Traum ..."

Und damit begann die Aufführung der Kinder. In eine gelbe Robe gekleidet spielte Morgenröte die Rolle der Königin Maya. Ihr Freund Chi spielte den König. Er lud die Traumdeuter in den Palast ein, und sie sagten voraus, daß die Königin einen Prinzen gebären würde, der entweder ein mächtiger König oder ein Buddha werden würde. In der nächsten Szene stand die Königin Maya im Lambini-Hain. Ihre Dienerinnen, gespielt von Thom und Uyen, begleiteten sie. Morgenröte hielt sich an einem blühenden Zweig fest, und Uyen kniete nieder und nahm den neugeborenen Buddha – eine große, in gelbe Seide gewickelte Bananenblüte – aus der Seite der Königin entgegen.

Die anderen Kinder sangen: „Was für eine Freude, an diesem Jahrestag lebendig zu sein!“

Drei kleine Jungen spielten die Nagas, die Hüter der Unterwelt, und gossen behutsam Wasser über den neugeborenen Buddha. Andere Kinder spielten himmlische Wesen und warfen Blumen, um die Geburt des Prinzen zu feiern. Ihre Stimmen klangen strahlend wie der Sonnenschein, als sie sangen: „Himmlische Musik ertönt, Blumen fallen vom Himmel und bedecken die Erde. Sie grüßen voll Freude den Buddha, die Lieder der himmlischen Wesen verhallen ...“

Königin Maya und ihre Dienerinnen kehrten in den Palast zurück.

Plötzlich erspähte Loi hinter einem großen Felsen seinen Ersatzspieler Thong. Er hatte den Bananenblattbart im Gesicht und würde die Rolle des alten Sehers Asita spielen. Um die Schultern trug er ein braunes Tuch. Loi hatte eine Eingebung: Er war ja gar nicht zu spät gekommen! Er rannte hinter den Felsen, und als Thong ihn sah, schaltete er sofort. Er nahm sich den Bart und das Schultertuch ab und gab es Loi. Dann reichte er ihm seinen Bambusstock, und schon erschien ein königlicher Wächter auf der Bühne und kündigte an, daß der Seher Asita von seiner Einsiedelei im Himalaja herabgestiegen sei, um eine Audienz beim König zu bekommen und den neuen Prinzen zu begrüßen.

„Führt ihn herein!“ befahl Chi mit majestätischer Stimme. Da kam Loi hinter dem Bühnenbild, einem Berggipfel, hervor. Er stützte sich auf seinen Bambusstock, und sein Rücken war von der Last seines hohen Alters gebeugt. Langsam ging er auf das Baby zu und schaute es mit seinen trüben Augen an. Plötzlich begann sein Stock zu zittern, und der Seher fing an zu schluchzen.

Beunruhigt fragte König Suddhodana: „Warum weint Ihr denn, Heiligkeit? Seht ihr etwa ein Unheil, das über den Prinzen hereinbrechen wird?“

Loi schluchzte noch ein wenig weiter und hob dann den Kopf: „Eure Majestät! Dieser arme Asket weint um seiner selbst willen. Ich bin schon sehr alt und werde daher nicht mehr lange genug leben, um zu erleben, wie der Prinz aufwachsen und ein Buddha werden wird. Eure Majestät, dieser kleine Prinz wird eines Tages ein Buddha sein, ein Tathagata …“

Bevor er weitersprach, rieb sich Loi die Tränen aus den Augen. Als er seinen Kopf drehte, erhaschte er einen Blick auf Schwester Duftende Girlande. Sie sah ihn unmittelbar an, und ganz deutlich bemerkte er das Lächeln auf ihren Lippen.

Befreiung

Obwohl Junger Berg nur ein kleines Kloster war, hatte jede Nonne ganz bestimmte Pflichten. Als Äbtissin war Schwester Stilles Leuchten verantwortlich für die Koordination aller Aktivitäten des Klosters. Schwester Friedensblüte war für die Erhaltung der Gebäude zuständig, beaufsichtigte alle Reinigungsarbeiten und begrüßte die Besucher des Klosters. Gab es mehr Besucher, als sie unterhalten konnte, kamen ihr Schwester Stilles Leuchten und die anderen Nonnen zu Hilfe. Schwester Duftende Pracht kümmerte sich um die Bücherei mit den buddhistischen Schriften, plante die Studienprogramme und unterrichtete die Dorfkinder. Der Klostergarten oblag der Fürsorge von Schwester Duftende Girlande. Sie kümmerte sich um die Blumen und bewirtschaftete den Gemüsegarten und die Pflanzschule des Klosters. Auch die Reisfelder fielen in ihren Aufgabenbereich, aber weil das zu viel Arbeit für eine einzelne Person war, halfen ihr Schwester Stilles Leuchten und die Familie Truc, die am Fuße des Berges wohnte.

Schwester Duftende Girlande pflanzte Syringa-Sträucher im Klostergarten sowie Magnolien, Jasmin, Rhododendren und alle möglichen Nadelbäume, die in dieser gebirgigen Gegend zu Hause waren. Alle vier Nonnen halfen dabei, den Gemüsegarten hinter dem Kloster mit dem Wasser eines nahegelegenen Flusses zu bewässern. Die Pflanzschule, in der Schwester Duftende Girlande viele Stunden am Tag arbeitete, lag in der Nähe des

Hauses der Familie Truc, und daher kamen ihr Herr Truc, Morgenröte und Loi häufig zu Hilfe. War Schwester Duftende Girlande einmal zu stark mit anderen Angelegenheiten des Klosters beschäftigt, dann trugen Herr Truc und Morgenröte das Wasser für den Garten in Eimern an einer Tragestange.

Das Sommerretreat begann am Vollmondtag des vierten Monats und endete am Vollmondtag des siebten Monats. Obgleich man erwartete, daß die Nonnen während der ganzen Zeit im Kloster blieben, waren sie doch nicht vollkommen eingeschränkt. Sie konnten überall auf dem Berg hingehen und auch hinunter zur Pflanzschule.

Auf ihrem Weg vom Berg hinunter stellte Schwester Duftende Pracht Schwester Duftende Girlande eine Frage: „Ich habe bemerkt, daß die Morgenandacht die Rezitation vieler Dharani oder magischer Formeln einschließt. Warum rezitieren wir die, Schwester?"

Auch Schwester Duftende Girlande war das natürlich nicht entgangen. Seit sie gehört hatte, wie Licht des Dharma sie rezitierte, hatte sie sich gefragt, warum solche Formeln dazugehören. Die Andacht begann mit der Surangama-Dharani, gefolgt von der Dharani von der großen Barmherzigkeit und vielen anderen. War das Studium der Meditation im Lande der Viet vom tibetischen Lamaismus beeinflußt? Nachdem die mongolischen Eindringlinge Sung zu einem Teil ihres Reiches gemacht hatten, verbreitete sich der tibetische Buddhismus sehr schnell. Obwohl die Viet die Armee der Mongolen besiegt hatten, konnte man den Einfluß ihrer Zivilisation auf den Norden von Viet immer noch spüren. Warum enthielt die Morgenandacht anstelle der Dharanis nicht mehr Sutras zur Meditation wie das Lankavatara-Sutra oder das Diamant-Sutra? Schwester Duftende Girlande war froh, daß Schwester Duftende Pracht trotz ihres jungen Alters sehr intelligent und aufmerksam war. „Es gibt nur wenige Menschen", dachte sie, „die so scharfsinnig sind wie diese junge Nonne."

Anderswo im Land wurde eine Form von buddhistischen Übungen gepflegt, wie sie jenseits der nördlichen Grenze praktiziert wurde, ohne daß jemals jemand darüber nachdachte. In den großen Bergtempeln schienen die Mönche dieser Einbeziehung lamaistischer Praktiken gegenüber gleichgültig zu sein. Da sie sehr belesen war, wußte Schwester Duftende Girlande, daß der Buddhismus in der Ly-Dynastie eine erste Blütezeit erlebt hatte, dann aber mit der Einführung der „Geheimlehren" des Lamaismus an Bedeutung verlor. Aus ihrer Lektüre von Biographien wie *Das Leben des Ehrwürdigen Meisters Tue Trung* hatte sie erfahren, daß buddhistische Lehrmeister in der Tran-Dynastie zu den ursprünglichen Meditationslehren zurückgekehrt waren. Nach ihrer Auffassung hatte sich das Studium der Meditation durch die Einführung des Lamaismus verändert, und sie machte sich Sorgen um die Zukunft der buddhistischen Studien in ihrer Heimat. Seit über zweihundert Jahren war das Meditieren die wichtigste spirituelle Stütze des ganzen Landes gewesen. Dank der Meditationsübungen hatte ihr Heimatland Frieden genossen und war imstande gewesen, seine Unabhängigkeit zu bewahren. In den letzten Jahrhunderten hatte der Einfluß des Neokonfuzianismus, wie er in der Sung-Dynastie praktiziert worden war, zu einer Spaltung zwischen Buddhismus und Konfuzianismus geführt, nicht nur in der akademischen Welt, sondern auch im Bereich der Politik und sogar am Königshof. Und selbst jetzt wurde der Buddhismus noch vom Lamaismus beeinflußt. Schwester Duftende Girlande fragte sich, ob sich der

Edle Lehrer vom Bambuswald dieser Entwicklung wohl bewußt gewesen sei.

Gegenwärtig stellte die Bambuswaldschule Holzblöcke her, mit denen der buddhistische Kanon in chinesischer Schrift gedruckt werden konnte. Dieser Kanon beruhte auf einem Original, das während der Herrschaft der Mongolen veröffentlicht worden war und aus diesem Grunde viele Sutras enthielt, die sich auf die lamaistischen Lehren bezogen. Als sie an den Druck dieses Kanons dachte, wanderten ihre Gedanken zu Bao Sat, dem Nationalen Lehrer, einem der Hauptschüler des Edlen Lehrers. Sie hatte das große Glück gehabt, ihm in der Einsiedelei Lila Wolken auf dem Berg Yen Tu zu begegnen und später im Tempel Selbstgesegnet in der Hauptstadt. Als Nationaler Lehrer war er für den Druck des Viet-Kanons verantwortlich. Es war ein gewaltiges Unterfangen, die Holzblöcke dafür herzustellen, denn der Kanon bestand aus mehr als sechstausend Bänden. Man hatte mit dieser Arbeit vor siebzehn Jahren begonnen, war aber durch den Tod des Edlen Lehrers unterbrochen worden. Erst im letzten Jahr hatte König Anh Tong eine Verordnung erlassen, nach der diese Arbeit wieder aufgenommen werden sollte.

Der Oberste der Bambuswaldschule, Ehrwürden Phap Loa, hatte diese wichtige Aufgabe seinem älteren Dharma-Bruder, dem Nationalen Lehrer Bao Sat, anvertraut, der deswegen die Einsiedelei Lila Wolken verlassen mußte und nun im großen Tempel Bao An lebte, um dieses Projekt zu beaufsichtigen.

Einhundert Künstler arbeiteten Tag für Tag, schrieben und schnitzten die Zeichen in die Holzblöcke. Anfang dieses Jahres war Schwester Duftende Girlande in die Hauptstadt gegangen und hatte gefordert, daß alle Werke des Edlen Lehrers mit in diese Neuauflage des

Kanons aufgenommen würden. Sie traf sich mit Bao Sat, der ihr mitteilte, daß es mindestens noch fünf Jahre dauern würde, bis das Werk vollendet sei. Daher waren einige Werke der Meditationslehrer von Viet bereits vorher gedruckt und veröffentlicht worden. Dazu gehörten unter anderen *Das Leben des Ehrwürdigen Meisters Tue Trung, Die wahre Essenz des meditativen Geistes* und *Worte aus der Steinernen Höhle*.

Schwester Duftende Girlande verstand Bao Sat. Sie wußte, daß er nicht nach dem Leben eines hohen spirituellen Beamten im Glanz der Hauptstadt strebte. Er war der Schüler, den der Edle Lehrer am meisten geliebt hatte. Nur aus einem einzigen Grund hatte er ihn nicht zum zweiten Oberhaupt der Bambuswaldschule ernannt: Bao Sat wollte eine solche Verantwortung nicht auf sich nehmen. Als Schwester Duftende Girlande den Edlen Lehrer auf dem Berg Yen Tu besuchte, sagte ihr Vater, sie solle Bao Sat als ihren älteren Bruder ansprechen. Trotz seiner hohen Stellung sah sie weiterhin einen Bruder in ihm.

Schwester Duftende Pracht schaute Schwester Duftende Girlande an und erwartete eine Antwort auf ihre Frage zu den Dharanis, aber sie sah, daß die Nonne tief in ihre Gedanken versunken war. Daher wartete sie weiterhin höflich ab.

Die Gedanken von Schwester Duftende Girlande reisten in die Zeit zurück, als sie im achten Monat des Jahres 1308 die heiligen Orte auf dem Berg Yen Tu besucht hatte. In dem Monat hatte der Edle Lehrer alle seine Studenten fortgeschickt, und nur er und Bao Sat waren auf dem Berg geblieben. Kurz nachdem Schwester Duftende Girlande angekommen war, schickte der Edle Lehrer Bao Sat mit dem Auftrag in die Hauptstadt, König Anh Tong den Vorschlag zu machen, er solle dreihundert

Kunsthandwerker aus Tschampa nach Hause schicken, gewissermaßen als Entschuldigung für die Entführung ihrer Königinmutter. Bao Sat war innerhalb von zwei Tagen zurückgekehrt, und sie waren zu dritt losgegangen, um die schönsten Orte auf dem Berg zu besuchen.

Schwester Duftende Girlande verstand nun, daß ihr Vater gewußt haben mußte, daß es das letzte Mal war, daß er solch eine Wanderung unternahm. Er verweilte an jedem Ort, bewunderte jeden Baum und berührte jeden Steinblock. Sieben Tage waren sie unterwegs. Keinen Ort ließen sie aus. Sie kletterten auch zum Gipfel hinauf und besuchten die Bergspitzen Schlafende Wolken und Lila Wolken, die Einsiedeleien Mörser und Medizin, den kleinen Tigerbach und andere Lieblingsorte des Edlen Lehrers. Waren sie müde, ruhten sie sich aus, und waren sie hungrig, aßen sie eine Handvoll Reis. Sie schöpften mit bloßen Händen frisches Wasser aus den Gebirgsflüssen, um ihren Durst zu löschen. Die Prinzessin wußte, daß dies für immer die wertvollsten Tage ihres Lebens bleiben würden. Sie sprachen nur wenig miteinander und verlangten nichts voneinander. Sie waren von Frieden, Freude und Zufriedenheit erfüllt.

Als sich die Prinzessin verabschiedete, um wieder in die Hauptstadt zurückzukehren, hatte sie keine Ahnung, daß sie ihren Vater zum letzten Mal sah. Sie machte im Gegenteil Pläne, zum Berg zurückzukehren und von ihm zur Nonne geweiht zu werden. Danach, so hoffte sie, würde sie eine wunderschöne Stelle mit klarem Wasser in den Bergen finden und dort ein kleines Kloster eröffnen. Der Edle Lehrer versprach ihr, sie könne die Bodhisattva-Gelübde zur gleichen Zeit ablegen wie die Nonnengelübde.

Wie hätte sie ahnen können, daß sie nur zwei Monate später die Nachricht von seinem Tod bekommen würde? Bao Sat sandte Boten zum Tempel Bao An und verordnete eine Zeit der tiefen Trauer. Vom Tempel drang die Nachricht vom Tode des Edlen Lehrers rasch bis zum Palast. Es war an einem frühen Abend im elften Monat des Jahres 1308. Die Prinzessin wohnte zusammen mit ihrer Dienerin Perle im Tempel Selbstgesegnet. König Anh Tong schickte nach ihr und überbrachte die Nachricht, daß ihr Vater vor zwei Tagen um Mitternacht verschieden war. Die Prinzessin kehrte in ihre Gemächer zurück, schloß die Tür und kam einen Tag und eine Nacht lang nicht mehr heraus. Sie empfing niemanden und weigerte sich, zu essen und zu trinken. Außerdem weigerte sie sich auch, zusammen mit ihren beiden Brüdern König Anh Tong und Prinz Hue an den Bestattungsritualen für ihren Vater auf dem Berg Yen Tu teilzunehmen. Drei Tage später kehrten der König und Bao Sat mit den sterblichen Überresten des Edlen Lehrers in die Hauptstadt zurück. Einen Tag und eine Nacht blieb Bao Sat im Tempel Selbstgesegnet, um ihr das Testament des Edlen Lehrers zu übermitteln. Er erzählte ihr auch, wie der Edle Lehrer seine letzten Tage verbracht hatte.

Im zehnten Monat sei der Edle Lehrer unerwartet in die Hauptstadt gereist, um seiner älteren Schwester einen Besuch abzustatten. Er hatte nur einen Diener bei sich, den Novizen Licht des Dharma. Nach dem Besuch bei seiner Schwester machte sich der Edle Lehrer mit seinem Novizen auf die Rückreise. Unterwegs blieben sie über Nacht im Tempel Sieu Loai und besuchten am folgenden Tag den Tempel Dharmawolken. Licht des Dharma berichtete, der Edle Lehrer habe eine Inschrift mit einem Gedicht an der Tempelmauer hinterlassen:

Die Dauer des Lebens – ein Atemzug,
Mondlicht auf den Meereswogen.
Warum sich sorgen um Maras Reich?
Mein Buddha-Land ist der Frühlingshimmel.

Am nächsten Tag besuchten sie ein nahegelegenes Kloster, in dem die ehemalige Königinmutter als Nonne gelebt hatte. Sie wurden zum Mittagessen ins Kloster eingeladen, und der Edle Lehrer nahm die Einladung an. „Dies könnte durchaus mein letztes Mahl sein, bevor ich ins Nirvana gehe", sagte er lächelnd. In der Nacht schlief er im Kloster und brach am Morgen zur Weiterreise auf. Er schickte Licht des Dharma voraus und ließ sich von zwei anderen Novizen begleiten. Als sie den Tempel Schöner Wald auf dem Berggipfel Der-Friede-ist-geboren erreichten, legten sie eine kurze Rast ein. Der Edle Lehrer wandte sich an die beiden Novizen: „Ich möchte sofort zur Einsiedelei Schlafende Wolken zurückkehren, aber in meinen Beinen ist nur noch sehr wenig Kraft. Wie können wir es schaffen?"

„Wir werden euch tragen, Meister", antworteten die Novizen, und sie trugen ihn in einer Hängematte den Berg hinauf.

Als sie in der Einsiedelei Schlafende Wolken ankamen, dankte der Edle Lehrer ihnen und sagte: „Geht nun wieder den Berg hinunter und widmet euch voller Eifer den Übungen. Laßt nicht zu, daß Geburt und Tod euch überwinden!"

Nur zwei Diener waren in der Einsiedelei anwesend, Licht des Dharma und Dharmaleere. Der Edle Lehrer bat Dharmaleere, zur Einsiedelei Lila Wolken zu gehen und Bao Sat zu rufen.

Bao Sat erzählte Schwester Duftende Girlande: „Es war tiefe Nacht, als ich zum Edlen Lehrer gerufen wurde, und so mußte ich auf den Tagesanbruch warten, bevor ich losgehen konnte. Als ich dann die halbe Strecke zurückgelegt hatte, färbte sich der Himmel dunkel. Schwarze Wolken bedeckten den Berg, und es begann in Strömen zu gießen. Der Fluß schwoll an und machte es mir unmöglich hinüberzugelangen. Als die Nacht hereinbrach, mußte ich in einer Berghütte Unterschlupf suchen. Mein Herz schien zu brennen, und meine Träume waren voll von seltsamen Vorzeichen. Als ich aufwachte, hatte es aufgehört zu regnen, und der Wasserspiegel des Flusses war wieder so weit gesunken, daß ich hinüberwaten konnte. So kam ich schließlich, zwei Tage nachdem mich der Edle Lehrer gerufen hatte, in der Einsiedelei Schlafende Wolken an. ‚Ich gehe bald fort', sagte er. ‚Warum hast du so lange gebraucht, um hierher zu kommen? Wenn es noch irgend etwas an den Lehren des Buddha gibt, das du nicht verstanden hast, dann frage mich bitte jetzt!'

Da sagte ich: ‚Vor langer, langer Zeit, als der Diener des Ma To sah, daß sein Lehrer nicht gesund war, fragte er ihn, wie er sich fühle, worauf der Meister ‚Buddha mit dem Sonnengesicht, Buddha mit dem Mondgesicht' erwiderte. Was hat der Meister damit gemeint?'

Der Edle Lehrer erhob seine Stimme und sprach: ‚Wer, meinst du, waren die fünf Kaiser und die drei Könige?'

Ich antwortete mit einer Gegenfrage: ‚Was versteht man darunter: ‚Die Blume öffnet sich im Glanze, zeigt wunderschöne Farben. Es ist Bauholz im Norden und Bambus im Süden?'

Der Edle Lehrer rief: ‚Werde ein Blinder!'

In dem Moment wußte ich ohne jeden Zweifel, daß er vollkommen klar war und sich gut auf seinen Tod vorbereitet hatte. Das machte mir sehr viel Mut. Ich blieb mit seinen beiden Dienern in der Einsiedelei, um mich um ihn zu kümmern. Wir wagten nicht, die Einsiedelei auch nur einen Moment lang zu verlassen. Tagelang war es bedeckt, und ein kühler Wind wehte. Das Singen der Vögel und die Rufe der Eule klangen seltsam traurig. Dann, in der Neumondnacht des elften Monats, klärte sich der Himmel auf, und der Wind ließ nach. Ich ging hinaus und schaute zum Himmel empor. Es war kein einziges Wölkchen zu sehen, und unzählige Sterne füllten den Nachthimmel. Ich ging wieder hinein, und der Edle Lehrer fragte mich, wie spät es sei.

‚Verehrter Herr', erwiderte ich, ‚es ist Mitternacht.'

Der Edle Lehrer hob seine Hände und drückte die Fensterläden auf. Er schaute hinaus in den mit Sternen übersäten Himmel und sagte sanft: ‚Es ist nun Zeit für mich zu gehen.'

Ich fragte: ‚Wo muß der Edle Lehrer denn zu dieser Stunde hingehen?'

Er rezitierte eine Gatha:

Nichts wird je geboren,
Nichts wird je zerstört.
Verstehst du das,
steht Buddha vor dir.
Es gibt kein Kommen und Gehen.

Ich fragte: ‚Wie ist es, wenn es keine Geburt und keinen Tod mehr gibt?'

Der Edle Lehrer winkte mit der Hand: ‚Sprich nicht mehr, Unwissenheit!'

Dann setzte er sich in der Löwenstellung aufrecht hin und ging aus diesem Leben fort. Die beiden Novizen fingen an zu schluchzen. Ich legte meine Arme um ihre Schultern und bat sie aufzuhören. Wir knieten neben dem Bett des Edlen Lehrers und riefen bis zum Morgengrauen den Namen Buddhas an.

Zwei Tage vor seinem Tod hatte der Edle Lehrer seinen letzten Willen bezüglich seiner Bestattungsriten aufgeschrieben. Er wollte nicht, daß der königliche Rat ein Staatsbegräbnis organisierte. Er war ein einfacher Mönch, der auf dem Berg Yen Tu seinen Übungen nachgegangen war, und er wollte, daß seine Schüler ein einfaches Totenritual ausführten. Er gab uns die Anweisung, in der Einsiedelei Schlafende Wolken einen Scheiterhaufen aufzuschichten und die Verbrennung durchzuführen, bevor sein Tod in der Hauptstadt bekanntgegeben würde. Um sämtlichen Schwierigkeiten und Anschuldigungen vorzubeugen, hatte er ein offizielles Testament in seiner eigenen Handschrift verfaßt, in dem er dies ganz klar verlangte. Der Novize Dharmaleere und ich verbrachten den Tag damit, wohlriechendes Holz für den Scheiterhaufen zu sammeln und zu schlagen. In der Nacht legten wir den Körper des Edlen Lehrers auf den Scheiterhaufen und zündeten ihn an. Die kleine Einsiedelei ging in Flammen auf. Der wohlriechende Duft des Holzes erfüllte die Luft. Wir glaubten, himmlische Musik zu hören, und wir sahen, wie eine fünffarbige Wolke herniederschwebte und den Scheiterhaufen umhüllte.

Bei Tagesanbruch schickte ich Dharmaleere los, um die Nachricht in die Hauptstadt zu bringen. Sobald er die Nachricht vernommen hatte, machte sich mein Dharma-Bruder Phap Loa auf den Weg zum Berg und desgleichen alle anderen Schüler des Edlen Lehrers im Tempel Bao An. Sie kamen am dritten Tag nach dem Ableben des Edlen Lehrers an. Phap Loa bereitete eine wohlriechende Tinktur, sprenkelte sie über den Scheiterhaufen und führte die Zeremonie des Einsammelns der heiligen Überreste durch. Die fünfhundert perlenförmigen Steine, die in der Asche übriggeblieben waren, füllten fünf Gefäße.

An diesem Abend kamen König Anh Tong, Prinz Hue und alle Minister des Palastes in einer schweigenden Prozession den Berg herauf. Sie waren zutiefst gebrochen und weinten, und ihr Klagen erfüllte den ganzen Wald. Am nächsten Morgen stiegen sie wieder hinab. Ich war verpflichtet, sie zu begleiten, um in allen Einzelheiten zu berichten, was geschehen war. In einem Boot brachten wir die Überreste des Edlen Lehrers in die Hauptstadt, und die Minister hörten mit ihrem bemitleidenswerten Weinen gar nicht mehr auf. Wie traurig das klang! Einige von ihnen brachten ihren Unmut darüber zum Ausdruck, daß ich es gewagt hatte, die Verbrennungszeremonie durchzuführen, ohne auf die Ermächtigung durch den König zu warten. Einige drohten sogar, mich zu verklagen. Aber ich machte mir keine Sorgen. Schließlich hatte ich nur gemäß des Willens und Testaments des Edlen Lehrers gehandelt, und dieses Testament konnte ich dem König zeigen, sobald wir in der Hauptstadt angekommen waren."

Bao Sat berichtete der Prinzessin, daß der Edle Lehrer ihn beauftragt hatte, ihre Ordination vorzubereiten. Während dieser Zeremonie sollte sie auch die Bodhisattva-Gelübde ablegen können. Der Edle Lehrer hatte Bao Sat außerdem gebeten, einen geeigneten Ort zu finden, wo sie ihre Meditation ausüben könne. Bao Sat versprach, daß sein Schüler Bao Phac die Zeremonie auf dem Berg Vu Ninh durchführen werde. Dort könne die Prinzessin mit anderen jungen Studenten lernen, bis sie die buddhistischen Lehren voll verstanden hatte. Danach sollte Bao Phac einen Ort finden, an den sie sich zurückziehen und ihren Übungen widmen könne.

Weniger als einen Monat später legte die Prinzessin auf dem Berg Vu Ninh ihre Nonnengelübde ab und begann zusammen mit anderen, neu eingeweihten Nonnen unter der Leitung von Bao Phac mit ihren buddhistischen Studien. Sie erhielt den geistlichen Namen „Schwester Duftende Girlande". Da sie ausnehmend intelligent war, lernte sie schnell und wurde von ihren Mitschülerinnen sehr respektiert. Im zehnten Monat des folgenden Jahres wurde sie von ihrem Meditationslehrer in das kleine Nonnenkloster auf dem Tigerberg geschickt. Sie bat darum, ihre Dharma-Schwester Duftende Pracht mitnehmen zu dürfen. Nach drei Monaten auf dem Tigerberg kamen auch noch Schwester Stilles Leuchten und Schwester Friedensblüte dazu. Da Schwester Stilles Leuchten die älteste war und sich schon seit über zehn Jahren den Übungen widmete, schlug Schwester Duftende Girlande ihr voller Respekt vor, ihre Äbtissin zu werden.

Bao Sat kehrte zur Einsiedelei Lila Wolken zurück, mußte aber sofort weiter, um den Druck des Kanons im Tempel Bao An zu beaufsichtigen. König Anh Tong verlieh ihm und Bao Phac den Titel „Nationaler Lehrer". Schwester Duftende Girlande wußte, daß Bao Sat solche Titel egal waren und daß er Lila Wolken nur deswegen verlassen hatte, weil man die Veröffentlichung des Kanons niemand anderem anvertrauen konnte.

Schwester Duftende Girlande wußte, daß Bao Sat die buddhistischen Lehren zutiefst verstanden und verwirklicht hatte. Sie wußte auch, daß er das Buch *Geschichte des Edlen Lehrers vom Bambuswald* geschrieben hatte, obwohl er sich nicht als Autor angab. Das Buch enthielt Einzelheiten über die letzten Tage des Edlen Lehrers, die Bao Sat der Prinzessin persönlich mitgeteilt hatte.

Sie erinnerte sich an die Unterhaltung zwischen Bao Sat und ihrem Vater, als er auf dem Totenbett lag. Gestern hatte sie genau diesen Abschnitt im Buch des Bao Sat wiedergefunden. Bei der Lektüre war sie erneut davon ergriffen, wie tief das Band zwischen diesem besonderen Schüler und dem Edlen Lehrer gewesen war.

„Als der Meditationsmeister Mao To krank war, fragte sein Diener ihn, wie er sich fühle, woraufhin jener erwiderte: ‚Buddha mit dem Sonnengesicht, Buddha mit dem Mondgesicht'."

Schwester Duftende Girlande wußte, daß Bao Sat nicht gefragt hatte, weil er die Bedeutung des Gesagten nicht verstanden hätte, sondern weil er sehen wollte, ob der Edle Lehrer, während er sich auf den Fortgang aus diesem Leben vorbereitete, noch im Zustand der Wachsamkeit weilte. Der Edle Lehrer war sich dieser Absicht seines Schülers bewußt und antwortete ihm, indem er ihn ausschimpfte: „Wer, meinst du, waren die fünf Kaiser und die drei Könige?" Damit wollte er sagen, daß sein Schüler ihn unterschätzte.

Bao Sat war sehr zufrieden mit der Antwort des Edlen Lehrers, aber um ganz sicher zu sein, stellte er eine weitere Frage: „ … Bauholz im Norden, Bambus im Süden …" Indem er Bao Sat aufforderte zu erblinden, wies der Edle Lehrer darauf hin, daß die wahre Essenz der Dinge jetzt so war, wie sie schon immer gewesen war. Sie stieg auf wundersame Weise vor seinen Augen auf und verschwand wieder. Er sagte mit anderen Worten: „Mein lieber Schüler, spiele keine Spiele mit mir!"

Schwester Duftende Girlande vermißte ihren Vater. Sie fühlte sich ganz besonders allein, nachdem sie von dem Kriegszug der Viet in das Gebiet der Tscham gehört hatte. Die Grundlage für Frieden und Harmonie, für die der Edle Lehrer so hart gearbeitet hatte und für die die

Prinzessin sogar gewillt gewesen war, ihr Leben zu opfern, war nur von kurzer Dauer gewesen, und das war sehr schmerzhaft. Kaum drei Jahre nach dem Tod des Edlen Lehrers brachen die bewaffneten Konflikte zwischen den beiden Ländern wieder aus. Drei Jahre waren gerade lang genug, um die offizielle Trauerzeit zu respektieren. Schwester Duftende Girlande wußte, daß ihre beiden Brüder bei der Realisierung dieser Kriegszüge geholfen hatten. Ob sie wohl an ihren Vater dachten, als sie in diesen Krieg zogen? Sie waren seine eigenen Kinder, und doch hatten sie, anstatt seine Hoffnungen zu erfüllen, ihr Vertrauen auf Männer gesetzt, die nach Krieg riefen. König Anh Tong hatte ein Bataillon durch die Ebene geführt, und Prinz Hue ein anderes über die Berge. Auch die Seemacht war losgeschickt worden, um Tschampa anzugreifen.

Es war offensichtlich, daß man die Invasion schon lange vorbereitet hatte. Ja, man hatte sogar von dem verräterischen Befehlshaber der Tscham heimlich das Versprechen eingeholt, daß die Truppen in Tschampa unterstützt würden. Der junge König Harijitputra machte ein Friedensangebot und reiste mit dem Schiff von Vijaya nach Cau Chiem, um eine Zeremonie zum Zeichen der Unterwerfung durchzuführen, nach der König Anh Tong verlangt hatte. König Harijitputra glaubte daran, daß in einer solchen Handlung eine wahre Chance für den Frieden und die Unabhängigkeit seines Volkes lag. Wie hätte er ahnen können, daß er bei seiner Ankunft sofort verhaftet würde? Sein jüngerer Bruder wurde als Oberhaupt einer Marionettenregierung von den Viet auf den Thron gesetzt. Dann hatte man König Harijitputra unter militärischer Bewachung in die Hauptstadt Thang Long gebracht, wo er noch immer unter Hausarrest stand. In einem Versuch, die Gefühle der Empörung unter der Bevölkerung von Tschampa zu beschwichtigen, verlieh König Anh Tong dem ehemaligen König den Titel „Treuer Lehnsherr". Aber welchen Sinn haben leere Titel für abgesetzte Könige?

Schwester Duftende Girlande kannte König Harijitputra sehr gut. Sie wußte, daß der junge König ein gütiges und aufrichtiges Herz hatte. Vielleicht besaß er nicht die Kraft und den Mut seines Vaters, aber seine Loyalität seinem Volk gegenüber stand außer Frage. Obwohl es Schwester Duftende Girlande bekannt war, wo König Harijitputra gefangengehalten wurde, widerstand sie dem Verlangen, ihn zu besuchen. Man würde sie bestimmt nach dem Grund für einen solchen Besuch fragen, und sie hatte schließlich keine Machtposition mehr. Sie war weit von den Geschäften des königlichen Rates entfernt. Außerdem befürchtete sie, daß ihr Besuch nur zu der ohnehin bereits auf beiden Seiten vorhandenen Bitterkeit beitragen würde. Der Frieden, den ihr Vater aufgebaut hatte, lag nun in Trümmern. Die Bürger von Tschampa, die entlang der Grenze wohnten, bewaffneten sich. Welche Hoffnung auf Frieden zwischen den beiden Ländern gab es nun noch?

Seit seiner Rückkehr von der Invasion nach Tschampa kam Prinz Hue nicht mehr zu Schwester Duftende Girlande auf den Tigerberg. Befürchtete er, daß seine Schwester ihn beschimpfen würde? Nein, dachte sich Schwester Duftende Girlande, ihr Bruder war auch nur eine Marionette, zu schwach, um selbständig zu denken und zu handeln. Aber wie stand es mit König Anh Tong? Er hatte genug Intelligenz und Charakter, um gerecht zu handeln. Schwester Duftende Girlande mußte an den jahrelangen Einfluß von Männern wie Tran Khac Chung denken, der ihre Entführung organisiert und geleitet hatte. Sie seufzte.

Doch aus den Tiefen ihrer Trostlosigkeit erhoben sich plötzlich die Lebensgeister der Nonne, als sie an Menschen wie ihren Dharma-Bruder Bao Sat dachte. Der Edle Lehrer war zwar aus diesem Leben fortgegangen, aber sein Werk wurde fortgesetzt. Ihr wurde warm ums Herz, als sie an Bao Sat dachte und sich vorstellte, wie er in seiner Einsiedelei Lila Wolken saß. Und es gab auch noch Regierungsbeamte in der Hauptstadt und auch auf dem Lande, die den Weg verstanden, den der Edle Lehrer ihnen gewiesen hatte. Schwester Duftende Girlande hatte gehört, daß sich einige Minister im Rat entschieden gegen eine Invasion nach Tschampa ausgesprochen hatten, darunter der jüngste Sohn des ehemaligen Königs Thai Tong. Die reife Weisheit des Edlen Lehrers und sein Wunsch nach Frieden lebten noch in einigen Menschen weiter.

Schwester Duftende Girlande kehrte zu einem tiefen Bewußtsein ihres Atems zurück. Sie hatte das Gefühl, als atmete sie ebenso für den Edlen Lehrer wie für sich selbst. Ja, es gab keinen Augenblick, in dem sie nicht um des Atems des allgegenwärtigen Edlen Lehrers willen atmete. Sie war sich bewußt, daß es noch viele andere Menschen im ganzen Lande gab, die den Faden seines erleuchteten Lebens weiterspannen. Sie wußte nicht, wo der Novize Licht des Dharma jetzt lebte, aber sie war sicher, daß er, wo immer er auch sein mochte, im Einklang mit dem Mönch und Einsiedler atmete, der auf dem Berg Yen Tu gelebt hatte.

Licht des Dharma mußte nun schon siebzehn oder achtzehn Jahre alt sein, immer noch nicht alt genug, um die vollständigen Mönchsgelübde abzulegen. Aber er hatte auf dem Weg der Übungen gewiß große Fortschritte gemacht. Vor ihrem geistigen Auge sah sie, wie der Novize seine Hände in das klare Quellwasser tauchte. Gleichzeitig sah sie die winzigen Händchen von Lois neugeborenem Bruder, den sie zwei Tage nach seiner Geburt besucht hatte. Lois Mutter hatte sie gebeten, dem Baby einen Namen zu geben, und sie hatte es versprochen. Loi hatte ihr erzählt, daß Frau Tu vorgeschlagen habe, ihn „Da“ zu nennen, aber seine Mutter bestand darauf, daß die Nonne ihm seinen Namen gebe.

Schwester Duftende Girlande fand den Namen Da, der „Überfluß“ bedeutet, schön. Sicherlich wünschte sich Frau Tu Wohlstand und Glück für das Baby und seine Nachkommen. Der Klang von Da erinnerte die Nonne außerdem an den Namen Buddha. Das Baby war ja geboren worden, als die Klosterglocken zur Feier der Geburt des Buddha läuteten. Jetzt kam ihr ein anderes Bild, so lebendig wie der Gebirgsfluß vor ihren Augen und gleichzeitig so weit entfernt wie ein anderes Leben. Es war das Bild ihres eigenen Sohnes Dayada. Sie wußte nicht, wo er sich jetzt befand, und doch war sie sich bewußt, daß seine Existenz einen Beweis für das Band der Freundschaft, des Friedens und der Liebe darstellte, das einmal existiert hatte. Beide Namen, Buddha und Dayada, enthielten den Klang Da.

Am Morgen ihres Besuches hatte Schwester Duftende Girlande zugeschaut, wie Lois Mutter ihren Säugling stillte. Das Bild seiner winzigen Hände, die sich an die Brust klammerten, wurde für Schwester Duftende Girlande nun zum Sinnbild der gegenseitigen Abhängigkeit allen Daseins. Der Buddha, vor so langer Zeit in Kapilavastu geboren, war eins mit diesem Bauernkind, das seinen Kopf an die Brust seiner Mutter preßte. Auch das ferne Bild ihres Sohnes Dayada verschmolz nun mit diesem kleinen Dorfjungen. Die Nonne fühlte sich, als würde sie selbst das Baby stillen. Sie sah, daß sie und Lois Mutter eins waren. Sie hatte das Gefühl, als flösse die Milch aus ihrer eigenen Brust. Alle falschen Unterscheidungen zwischen vornehm und bescheiden, Vergangenheit und Zukunft, Norden und Süden lösten sich auf wie Morgennebel in der Sonne. Das Bild der stillenden Mutter ermöglichte es der Nonne, die Kluft zwischen Geburt und Tod zu überbrücken. Schwester Duftende Girlande fühlte sich wie ein Vogel, der aus dem Netz der Zeit befreit war, frei, um in die endlose Freiheit des leeren Raumes zu fliegen.

Schwester Duftende Girlande ging immer noch ruhig neben Schwester Duftende Pracht her. Es war ihr klar, daß Schwester Duftende Pracht die Erleuchtung, die in diesem Moment in ihrem Herzen erwachte, nicht bemerkte. Schwester Duftende Pracht hatte ihr eine Frage zur Liturgie gestellt und wartete auf eine Antwort. Noch immer sprach Schwester Duftende Girlande nicht. Für sie gab es keine Zeit mehr. Sie wollte einen Weg finden, ihre plötzliche Seligkeit und Einsicht mit der jüngeren Nonne zu teilen, aber sie erkannte, daß die Samen der Weisheit in Schwester Duftende Pracht noch mehr Zeit zum Reifen brauchten. Seit zwei Jahren hatte Schwester Duftende Pracht den Wunsch gehegt, zusammen mit Schwester Duftende Girlande den Berg Yen Tu zu besuchen. Sie liebte die Geschichten, die Schwester Duftende Girlande ihr über die Zeit erzählt hatte, die sie mit dem Edlen Lehrer und Meister Bao Sat auf dem berühmten Gipfel dieses Berges verbracht hatte. Sie wollte dieselbe Atmosphäre spüren und alle versteckten Einsiedeleien besuchen, jeden Fluß, jeden Bach und jeden Felsen. Obwohl ihr bereits Möglichkeiten zu einer solchen Wallfahrt geboten worden waren, wollte sie nur in Begleitung von Schwester Duftende Girlande dorthin gehen. Sie glaubte, daß Schwester Duftende Girlande die Atmosphäre der vergangenen Tage erzeugen könne. Danach verlangte sie von ganzem Herzen.

Schwester Duftende Girlande hatte aber kein Verlangen danach, auf den Berg Yen Tu zurückzukehren. Sie fühlte, daß es ohne ihren Vater nicht dasselbe sein würde. Sie hatte kein Bedürfnis danach, die mit Gold und Edelsteinen geschmückten Stupas zu sehen, die zu Ehren ihres Vaters errichtet worden waren. Sie wußte, daß die Einsiedelei Schlafende Wolken nicht mehr existierte, obgleich eine Stupa auf dem Fundament des Hauses errichtet worden war, in der die sterblichen Überreste ihres Vaters aufgebahrt waren. Neben dieser Stupa hatte man einen neuen Tempel gebaut, und die Einsiedelei Kleiner Drache war in eine Pagode umgewandelt worden. Andere Tempel waren erbaut worden und unzählige Wohnstätten für die Tausende von Mönchen, die jedes Jahr zum Retreat in der Regenzeit auf den Berg kamen. Schwester Duftende Girlande wollte das Gefühl der beinahe übernatürlichen Kraft, die der Berg für sie hielt, nicht verlieren, und daher zögerte sie, auf den Wunsch ihrer Schwester einzugehen. Sie hatte ihn nur deshalb nicht sofort abgeschlagen, weil sie ihre Dharma-Schwester nicht enttäuschen wollte.

Die plötzliche Einsicht, die nun ihr Herz durchflutete, hatte jedoch ihr Verständnis erweitert. Nun erkannte sie jeden Baum und jeden Stein des Tigerberges als ebenso wunderbar und heilig wie die auf dem Berg Yen Tu. Der Edle Lehrer war hier und jetzt auf dem Tigerberg gegenwärtig. Dayada war hier, weil das Baby Da hier war, und auch Buddha war hier. Es war so, wie Buddha es lehrte: „Dies existiert, weil das existiert. Dies wird geboren, weil das geboren wird." Indem sie sich um den kleinen Da kümmerte, kümmerte sie sich auch um Dayada und den neugeborenen Buddha. Das Atmen von Da war das Atmen des Edlen Lehrers, war das Atmen ihrer jüngeren Dharma-Schwester, die hier neben ihr ging.

Schwester Duftende Girlande wollte den Wunsch ihrer Schwester, den Berg Yen Tu gemeinsam zu besuchen, nicht länger unerfüllt lassen. Was für eine enge Sichtweise sie in der Vergangenheit gehabt hatte! Welche Rolle spielte es schon, ob überall auf dem Berg Türme gebaut wurden und Besucher sich auf allen Wegen drängten? Das heilige Bild des Berges Yen Tu, das sie in ihrem Herzen trug, konnte niemals zerstört werden. Sie wäre immer noch in der Lage, den ursprünglichen Berg Yen Tu zu entdecken. Ja, sie würde Schwester Duftende Pracht direkt in die Welt des Edlen Lehrers führen, zurück in die Einsiedelei Schlafende Wolken, wie sie gewesen war. Das Bild, das sie in ihrem Herzen trug, war so unzerstörbar wie die Allgegenwart des Edlen Lehrers.

Schließlich brach Schwester Duftende Girlande ihr Schweigen: „Im achten Monat, wenn die Zeit des Retreats vorbei ist und weniger Leute auf dem Berg Yen Tu sind, werde ich dich dorthin bringen."

Schwester Duftende Pracht war verblüfft. Sie hatte nur eine Frage zur Abendandacht gestellt, und nun bekam sie diese lang ersehnte Antwort. Sie bemühte sich nicht, das zu begreifen. Ihr Herz lief vor Freude über. Die Tatsache, daß Schwester Duftende Girlande gewillt war, ihren Herzenswunsch zu erfüllen, war mehr als genug.

Und nun dachte Schwester Duftende Girlande an die Wolken, die sich an jenem späten Nachmittag wie ein Heiligenschein über der Einsiedelei Schlafende Wolken gesammelt hatten, als kehrten sie zum Schlafen auf den Berg zurück ...

Der Mönch in der Hütte schläft nicht. Er sitzt in tiefer Meditation. Die Erde, die Flüsse, der Himmel und die Berge mögen in die Finsternis der Nacht gehüllt sein, aber er sieht alles, was sich in der Hauptstadt und an den Grenzen des Landes ereignet. Mit seiner meditativen Konzentration bringt er Licht in alles, was innen und außen geschieht. Die Wolken mögen schlafen, aber der Mönch bleibt wachsam …

Schwester Duftende Girlande spürte, wie ihr ganzes Wesen erzitterte. Sie wußte jetzt, welchen Namen sie dem neugeborenen Bruder von Loi geben würde – „Erwache".

Nachwort

Obwohl *Das Wolkenkloster* eine erfundene Geschichte erzählt, hält es sich in vieler Hinsicht an die historischen Tatsachen. Die Jahreszahlen der wichtigen Ereignisse stimmen mit den historischen Daten überein. Ich habe das Buch *Tam To Thuc Luc* benutzt, um die Informationen aus anderen Quellen zu ergänzen und in einzelnen Fällen widersprüchliche Aussagen anderer Werke zu korrigieren.

Das Buch *Dai Viet Su Ky Toan Thu* zum Beispiel erklärt, daß König Harijit im fünften Monat des Jahres 1307 starb, aber daß die Minister Tran Khac Chung und Dang Van erst im zehnten Monat desselben Jahres nach Tschampa aufbrachen, um „die Prinzessin und den Prinzen Dayada heimzubringen, weil nach den Sitten der Tscham die Königin zusammen mit dem toten König verbrannt werden mußte". Nach der Sitte der Tscham wurde die Verbrennung eines Königs sieben Tage nach seinem Tod durchgeführt. Die Delegation aus Thang Long, der Hauptstadt von Viet, kam sechs Monate nach der Verbrennung der Leiche des Königs an. Man kann annehmen, daß es Wunderjuwel nur gestattet war, bis zum Eintreffen der Delegation aus Viet am Leben zu bleiben, weil man vermeiden wollte, den König von Viet zu verärgern. Die Tscham wären sicherlich imstande gewesen, Wunderjuwel nach ihrer Entführung zurückzuerobern, denn sie waren ausgezeichnete Seefahrer. Alle diese Tatsachen scheinen nahezulegen, daß man ihr in Wirklichkeit die Flucht gestattet hatte.

Gleichermaßen klar ist, daß Prinz Dayada der Sohn von Wunderjuwel gewesen sein muß. Warum hätte der König von Viet Tran Khac Chung und Dang Van sonst befohlen, mit der Prinzessin und dem Prinzen zurückzukehren? Die Tscham versuchten, die Entführung des Prinzen zu verhindern, weil er mit dem König blutsverwandt war, und das erklärt, warum die Minister ihn nicht aus Tschampa herausbringen konnten.

In dem Buch *Dai Viet Su Ky Toan Thu* steht über Tran Khac Chung, daß er „sich unter vier Augen mit der Prinzessin traf und dann in aller Eile mit ihr auf dem Seeweg entfloh und daß sie lange Zeit zusammen verbrachten, bevor sie in der Hauptstadt ankamen". Diese Information beruht höchstwahrscheinlich auf Gerüchten, die die Tatsachen ausschmückten. Tran Khac Chung war nicht allein nach Tschampa gereist. Er war in Begleitung von Dang Van, einem anderen hohen Würdenträger des königlichen Rates, und einer Gruppe von wahrscheinlich recht vielen Matrosen.

Das *Dai Viet Su Ky* besteht auch darauf, daß Angehörige des Rates nach dem Tod des Edlen Lehrers vom Bambuswald vom König verlangten, den buddhistischen Meister Phap Loa zu bestrafen, weil dieser, ohne den König vorher zu benachrichtigen, die Verbrennungszeremonie durchgeführt hatte. Verantwortlich für die Verbrennung war allerdings der buddhistische Meister Bao Sat. Die Verbrennung fand am zweiten Tag des elften Monats statt, und Phap Loa kam erst am vierten Tag auf dem Berg Yen Tu an. Das *Tam To Thuc Luc* macht deutlich, daß der Edle Lehrer Bao Sat gebeten hatte, die Verbrennungszeremonie in der Einsiedelei Schlafende Wolken durchzuführen, bevor dem König die Nachricht von seinem Tod überbracht wurde.

Dem *Tam To Thuc Luc* zufolge strahlten die Augen von Nhan Tong (dem Edlen Lehrer) bei seiner Geburt wie Gold, und deshalb bekam er den Spitznamen „Goldener Buddha". Der Autor des *Dai Viet Su Ky*, ein in chinesisch gebildeter Gelehrter, der dem Buddhismus gleichgültig gegenüberstand, schrieb: „Im Palast nannten den Prinzen alle ‚Gold des Volkes'." Aufgrund solcher scheinbar unbedeutender Details kann man die Genauigkeit des Berichtes in Frage stellen, den der Autor des *Dai Viet Su Ky* gibt.

Ich habe den Tigerberg nie besucht, aber durch die Lektüre des Buches *Dai Nam Nhat Thong Chi* erfuhr ich, daß Prinzessin Wunderjuwel nach ihrer Rückkehr aus Tschampa hier als Nonne lebte. Und dem Artikel *L'Inscription Chame de Po Sah* von E. Aymonier (Bull. Comm. Acheol. Indochine, 1911) entnahm ich, daß König Harijit der Prinzessin den Namen Parameshvari gab, als sie in Tschampa eintraf, und daß dieser Name auf der Pao Sah Stele eingraviert ist.

Ich habe *Das Wolkenkloster* zu einer Zeit geschrieben, als zweihunderttausend vietnamesische Soldaten Kambodscha besetzten, eine Situation, die ich unerträglich fand. Man kann den Expansionsdrang anderer nicht verurteilen, wenn man selbst solche Taten begeht. Wir haben nicht das Recht, imperialistische Invasionen zu verdammen, wenn wir selbst imperialistische Invasionen durchführen. Wir mögen andere dafür verurteilen wollen, daß sie die Rolle einer internationalen Polizei spielen, aber wir sollten nicht Hunderte und Tausende unserer Söhne und Brüder hinausschicken, um unter dem Deckmantel „nationaler Interessen" in einem anderen Land zu töten und getötet zu werden. Wer weiß, was

Leiden bedeutet, sollte es anderen nicht auferlegen. Wir sollten uns des imperialistischen Blutes bewußt sein, das in unseren eigenen Adern fließt.

Der Edle Lehrer vom Bambuswald und Prinzessin Wunderjuwel öffneten ihre Herzen für das Volk von Tschampa und wünschten daher, in Frieden mit ihren Nachbarn zu leben. Ihre Herzen konnten ein anderes Volk als das eigene aufnehmen, eine parteiische gegen eine umfassendere Liebe eintauschen. Mit militärischer Gewalt kann man keine Brüderlichkeit erzeugen. Nur ein Herz der Liebe kann das.

Viele meiner Freunde und Studenten aus Übersee hatten die Gelegenheit, Vietnam zu besuchen und den Berg Yen Tu, das Hauptquartier der altehrwürdigen Meditationsschule vom Bambuswald, zu besteigen. Es wäre wunderbar, wenn die Menschen in Zukunft vor ihrem Besuch *Das Wolkenkloster* lesen würden. Es wird ihnen als Tor dienen, durch das sie den heiligen Berg betreten können, auf dem der Edle Lehrer seine Übungen machte.

Thich Nhat Hanh

Chronologie

1225–1400 Tran Dynastie

1257, 1285, 1287 Die mongolischen Streitkräfte von Kublai Khan dringen nach Viet ein und werden zurückgeschlagen.

1282 Kodifizierung einer nationalen Schriftsprache. Die vietnamesische Umgangssprache wird in demotischer Schrift geschrieben, die *chu nom* (südliche Schrift) genannt wird.

1291 Tod des Ehrwürdigen Meisters Tue Trung.

1292 Prinz Thuyen (später König Anh Tong) wird zum Kronprinzen erklärt.

1293 Prinz Thuyen kommt mit achtzehn Jahren auf den Thron und führt den Titel Anh Tong. König Nhan Tong wird Thai Thuong Hoang, „König Vater" oder ehemaliger König. Der jüngere Bruder von König Anh Tong erhält im Alter von dreizehn Jahren den Titel Hue Vo Vuong. Tod der Königin Khan Tu.

1295 König Nhan Tong trifft auf dem königlichen Landsitz Vu Lam Vorbereitungen, die Mönchsgelübde abzulegen.

1299 König Nhan Tong legt auf dem Berg Yen Tu die Mönchsgelübde ab und bekommt den spirituellen Titel Lieu Quan, „Asket des Bambuswaldes".

1300 Geburt des Prinzen Manh (Sohn des Königs Anh Tong).

1301 Der Edle Lehrer vom Bambuswald unternimmt eine Pilgerreise nach Tschampa. Er verspricht König Harijit seine Tochter Wunderjuwel zur Frau.

Das Fest der grenzenlosen Opfergaben findet im Pho Min Tempel statt. Es ist ein Fest der religiösen Lehren und der Verteilung von Lebensmitteln, Geld und Kleidung an die Armen.

1304 Der Edle Lehrer mischt sich unter das Volk, lehrt den Buddhismus und berät die Menschen, was die Übung der Zehn Richtlinien betrifft.

Der Edle Lehrer ordiniert Phap Loa (den zweiten Linienhalter der Bambuswaldschule). König Anh Tong empfängt die Fünf verpflichtenden Richtlinien.

1305 Phap Loa empfängt die vollständigen Mönchsweihen im Kloster Ky Lan.

Huyen Quang (der dritte Linienhalter der Bambuswaldschule) wird von Phap Loa ordiniert.

Der Botschafter von Tschampa kommt nach Viet, um die Verlobungszeremonie für Prinzessin Wunderjuwel durchzuführen.

1306 Phap Loa wird zum Meister der Studien im Sieu Loai Tempel ernannt.

Bao Phac bringt Huyen Quang als Diener zum Edlen Lehrer.

Prinzessin Wunderjuwel reist nach Tschampa.

1307 Der Edle Lehrer zieht sich für die Regenzeit in die Einsiedelei Schlafende Wolken zurück.

Die beiden Länder O und Ri werden von Viet annektiert.

König Harijit stirbt.

Die beiden Minister Tran Khac Chung und Dang Van reisen nach Tschampa, um Prinzessin Wunderjuwel zu retten, weil sie befürchten, daß sie auf dem Scheiterhaufen mitverbrannt werden soll.

1308 Der Edle Lehrer führt die Zeremonie der Übertragung auf Phap Loa durch und ernennt ihn in Anwesenheit des Königs Anh Tong und seines Hofstaates zum Abt des Tempels Bao An.

Die Königinmutter Tuyen Tu legt die Nonnengelübde ab und empfängt die Bodhisattva-Weihe von Phap Loa.

Prinzessin Wunderjuwel kehrt nach Hause zurück.

Tod des Edlen Lehrers. Bao Sat führt in der Einsiedelei Schlafende Wolken die Verbrennungszeremonie durch.

1309 Überführung der sterblichen Überreste des Edlen Lehrers aus dem Tempel Selbstgesegnet in der Hauptstadt zur Stupa auf dem Berg Yen Tu. Eine große Opferzeremonie wird im Namen des Edlen Lehrers durchgeführt.

1311 König Anh Tong lädt Phap Loa in den Tempel Selbstgesegnet ein, um dort *Die Abhandlung der Großen Weisheit* zu lehren. Der König beauftragt Phap Loa mit der Verteilung von Geld und Seide an die Armen.

1313 König Harijitputra stirbt auf seinem Landschloß Gia Lam.

König Anh Tong erklärt den Tempel Bao An zum Hauptquartier buddhistischer Übungen im ganzen Land. Er befiehlt, eine Registratur aller Mönche und Nonnen des Landes einzurichten, und legt die Pflichten der Ordinierten im ganzen Land fest.

Königin Bao Tu schenkt dem Tempel Bao An 1,3 Quadratkilometer Reisfelder.

1314 Der buddhistische Kanon wird vollendet. Die Druckblöcke werden im Tempel Bao An gelagert, einem Komplex aus siebzig Gebäuden, einschließlich einer Buddha-Halle, einer Sutra-Bücherei und Wohnungen für die Ordinierten.

Prinz Manh besteigt unter dem Namen König Minh Tong im Alter von fünfzehn Jahren den Thron.

1316 König Anh Tong legt die Bodhisattva-Gelübde für Laien ab.

1317 Prinz Hue wird nach Tschampa in den Krieg geschickt.

Der jüngere Bruder des Königs Harijitputra flieht nach Java, dem Heimatland seiner Mutter.

1318 Der ehemalige König Anh Tong lädt Phap Loa in den Thien Truong Palast ein, um dort Kommentare zu den Lehren Buddhas abzugeben. König Anh Tong verleiht Phap Loa den Titel „Universale Weisheit".

König Minh Tong beauftragt einen indischen Mönch mit der Übersetzung des Bach Tan Cai Dharani Sutra.

Tod der Königinmutter Tuyen Tu.

1319 Hungersnot. König Minh Tong beauftragt

Phap Loa, eine Hilfsaktion für die notleidende Bevölkerung einzuleiten.

Prinz Hue lädt Phap Loa in den Palast An Hoa ein, um dort *Die Abhandlung der Großen Weisheit* zu lehren.

1320 Tod des ehemaligen Königs Anh Tong.

1321 Hoai Ninh erschafft eine Statue des Quan Am Bodhisattva mit eintausend Armen und Augen und schreibt eine Widmung zum Viet-Kanon.

Prinz Hue legt in der Sung Nghiem Pagode die Bodhisattva-Gelübde für Laien ab.

1322 Phap Loa schreibt das Buch *Eine Anleitung zur Meditationspraxis,* das unter dem Pseudonym Minh Giac veröffentlicht wird.

In der Bambuswaldschule werden eintausend Statuen von Buddha geschaffen.

Herr Van Hue wird von Phap Loa zum Mönch ordiniert.

1324 Der Tempel Quynh Lam besitzt weit über vier Quadratkilometer Reisfelder und beschäftigt eintausend Landarbeiter.

Herr Hue Tuc Vuong führt eine Invasion nach Tschampa an und wird besiegt. Er wird gezwungen, seine Armee zurückzuziehen, und die Unabhängigkeit von Tschampa ist wiederhergestellt.

1330 Phap Loa stirbt.

1377 König Due Tong fällt nach Tschampa ein. Er gerät in einen Hinterhalt und stirbt in der Stadt Tra Ban. Die Armee der Viet wird vollständig zerschlagen.

Die Praxis der Drei Berührungen der Erde

Thây hat uns mit der folgenden Übung ein wunderbares, tief wirkendes, die innerste Natur unseres Wesens berührendes Instrument übergeben, das uns einen weiten, verwandelnden Erfahrungsraum öffnet. Es ist das Erlebnis der Annäherung an die drei Merkmale des Buddhadharma *(anicca, anatta, nirvana)*.

Nach einigen Monaten kontinuierlicher Übung, zunächst auf der Grundlage des vorgegebenen Textes allein und mit der Sangha, möchte ich einige Aspekte meiner Erfahrung mit Ihnen teilen. Die Worte der geführten Meditation berührten mich tief. Nach einiger Zeit der Praxis verließ ich die Textvorgabe und „erschaute" ganz persönliche Bilder und Situationen. Starke Gefühle kamen hinzu, und das Verständnis für den inneren Prozeß, den jene drei Verneigungen in mir auslösten, wurde immer intensiver und bewegender.

Die Erde berührend,
verbinde ich mich mit den Vorfahren und
Nachkommen, meiner geistigen, wie auch meiner
blutsverwandten Familie.

Allmählich konnte ich immer deutlicher das Zusammenwirken von vergangenen und zukünftigen Lebensformen meines Lebensstromes erkennen; die Wurzeln ausmachen, die mein Dasein und ständiges Werden nähren; die Zeitlinie neu entdecken, die Vergangenheit und Zukunft und meinen gegenwärtigen Lebenspunkt verbindet; spirituelle und blutsverwandte Wurzeln mit anderen Augen sehen und akzeptieren. Ich begriff, daß ich Verantwortung trage und Veränderungen (heilsame und unheilsame) nicht nur für mich selbst, sondern auch in allen anderen, vor und nach mir, bewirke.

Es gelang mir, ein neues tiefes Verstehen des ersten der drei Merkmale buddhistischer Welt-an-schauung, der Nicht-Dauer *(anicca)*, die ständiges Neu-Werden und permanente Veränderung in sich trägt, als neue Qualität von „Zeit" zu erreichen. Diese doppelte, durch geistige und blutsverwandte Familien geformte Zeitlinie, verbindet sich in jedem Lebensmoment mit einer Plattform des „Jetzt", die mich mit allen Lebewesen, die gerade auf diesem Planeten, ja im ganzen Kosmos existieren, vereint.

Die Erde berührend,
verbinde ich mich mit allen
Menschen und allen
Wesen, die in diesem Augenblick
mit mir in dieser Welt leben.

Ein Erleben von „Nicht-Ich" *(anatta)*, dem zweiten Merkmal, stellte sich ein. Ich entdecke, wie ich, aus „Nicht-Ich-Elementen" bestehend, das wundervolle Muster des Lebens in all seinen Manifestationen berühre, ja mit ihnen verwoben und auf eine Weise verbunden bin, daß ich mich im anderen und den anderen in mir zu schauen und zu empfinden vermag; daß ich ergriffen erkenne, wie sehr alles in mir existiert und ich wiederum in allem lebendig bin. Diese Erkenntnis des Nicht-Ich ist kein konzeptioneller, begrifflicher oder philosophischer Erkenntnisprozeß, sondern für mich zutiefst bewegende Lebenswirklichkeit. Und schließlich wagte ich den Versuch, mich jenem dritten Merkmal des Buddhadharma anzunähern: *nirvana* – der transzendenten Dimension unserer Wirklichkeit, die untrennbar mit dem relativen Bereich der Wirklichkeit (unserem Alltag) verbunden ist.

Diese letztendliche Dimension umschließt die vertikale „Zeitlinie" und horizontale „Jetzt-Plattform" wie eine transparente, strahlende, alles durchdringende Kugel, wenn ich mich zur dritten Erdberührung niederwerfe.

Die Erde berührend,
lasse ich eine Vorstellung los,
daß ich dieser Körper bin
und daß meine Lebenszeit
begrenzt ist.

Ich erfahre mich als Welle und entdecke das Wasser in mir; erspüre auch, wie das Einssein mit dem Lebensstrom, Vergangenheit und Zukunft im „Jetzt" verbindet; ein Einssein, das durch die unendlich vielen „Nicht-Ich-Elemente", die mich mit allen Erscheinungen auf dieser Erde und darüber hinaus (der Sonne, dem Himmel, der ganzen Natur) verbinden, erlebbar wird.

Das Vertrauen wächst, daß meine Natur aus unzerstörbarem Leben besteht, welches die Kraft ständiger Verwandlung in sich trägt, der ich durch eigenes Bemühen eine Richtung zu geben vermag, daß das Potential der Buddhaschaft geweckt, gestärkt und allmählich zur vollen Reife gebracht werden kann. Dies geschieht durch ständiges Weitergehen auf dem Weg des Bodhisattva mit einem heiteren, furchtlosem Herzen, das erkennt:

Ich bin angekommen,
ich bin zu Hause,
ich bin im Hier,
ich hin im Jetzt,
ich hin gefestigt,
ich bin frei,
in der letztendlichen Dimension
der Wirklichkeit verweile ich.

Amoghavajra Karl Schmied

Die Übung

Die Erde berührend, verbinde ich mich mit den Vorfahren und Nachkommen meiner geistigen wie auch meiner blutsverwandten Familie.

(Glocke. Alle berühren die Erde.)

(Betrachtung beim Berühren der Erde:) Meine geistigen Vorfahren umfassen den Buddha, die Bodhisattvas, die edle Gemeinschaft der Schüler und Schülerinnen des Buddha, die Patriarchen aller Zeiten[1] und meine eigenen spirituellen Lehrer und Lehrerinnen, seien sie noch am Leben oder schon verstorben. Sie sind in mir gegen-

1 Zu ersetzen:
a) *für christliche Übende durch:* Meine geistigen Vorfahren umfassen Jesus Christus, seine Jünger, die Gottesmutter Maria, die Heiligen, die Märtyrer …
b) *für jüdische Übende durch:* Meine geistige Vorfahren umfassen die Patriarchen Abraham, Isaak und Jakob und die Matriarchinnen Sarah, Rebecca, Ruth und Lea …

wärtig, weil sie mir Samen des Friedens, der Weisheit, der Liebe und des Glücks übertragen haben. Sie haben die Quelle des Verstehens und des Mitgefühls in mir erweckt. Wenn ich alle meine geistigen Vorfahren betrachte, sehe ich solche, die in der Praxis der Richtlinien[2], in Verstehen und Mitgefühl vollkommen sind, und solche, die noch nicht vollkommen sind. Ich akzeptiere sie alle, denn ich sehe in mir selbst Fehler und Schwächen. Im Bewußtsein, daß meine Praxis der Richtlinien nicht immer vollkommen ist und ich nicht immer verständnisvoll und mitfühlend bin, öffne ich mein Herz und akzeptiere auch meine geistigen Nachkommen. Einige meiner Nachkommen praktizieren die Richtlinien, Verstehen und Mitgefühl in einer Weise, die Vertrauen und Achtung hervorruft, doch gibt es auch solche, die vielen Schwierigkeiten begegnen und die in ihrer Praxis ständig Höhen und Tiefen unterworfen sind. *(drei Atemzüge)*

Auf die gleiche Weise akzeptiere ich alle meine blutsverwandten Vorfahren auf der Seite meiner Mutter und auf der Seite meines Vaters. Ich akzeptiere alle ihre guten Eigenschaften und guten Taten, und ich akzeptiere auch alle ihre Schwächen. Ich öffne mein Herz und akzeptiere alle meine blutsverwandten Nachkommen mit ihren guten Eigenschaften, ihren Begabungen und auch ihren Schwächen. *(drei Atemzüge)*

Meine geistigen und meine blutsverwandten Vorfahren, meine geistigen und meine blutsverwandten Nachkommen sind alle ein Teil von mir. Ich bin sie, und sie sind

---

2 *Für christliche und jüdische Übende ist das Wort* Richtlinien *hier wie im folgenden zu ersetzen durch* Gebote.

ich. Ich habe kein eigenständiges Selbst. Alles existiert als Teil eines wunderbaren Lebensstroms, der immer fließt.

(Drei Atemzüge, Glocke. Alle stehen auf und folgen mit innerer Freude ihrem Atem; die Handflächen sind dabei zusammengelegt.)

Die Erde berührend, verbinde ich mich mit allen Menschen und allen Wesen, die in diesem Augenblick mit mir in dieser Welt leben.

(Glocke. Alle berühren die Erde.)

(Betrachtung beim Berühren der Erde:) Ich bin eins mit dem wundervollen Muster des Lebens, das sich in alle Richtungen erstreckt. Ich sehe die enge Verbindung zwischen mir und allen anderen; ich sehe, wie wir Glück und Leiden teilen. Ich bin eins mit jenen, die mit einer Behinderung geboren wurden oder die infolge von Krieg, Unfall oder Krankheit behindert sind. Ich bin eins mit jenen, die in Situationen des Krieges oder der Unterdrückung gefangen sind. Ich bin eins mit jenen, die im Familienleben kein Glück finden, die entwurzelt sind und keinen Frieden in ihrem Geist erfahren, die hungrig nach Verstehen und Liebe sind und die etwas Schönes, Heilendes und Wahres suchen, das sie umarmen und an das sie glauben können. Ich bin der Sterbende, der voller Angst ist und nicht weiß, was mit ihm geschieht. Ich bin ein Kind, das an einem Ort lebt, wo furchtbare Armut und Krankheit herrschen, ein Kind, dessen Arme und Beine dünn wie Stöcke sind und das keine Zukunft hat. Und ich bin der Hersteller von Bomben, die an arme Länder verkauft werden. Ich bin der Frosch, der im

Teich schwimmt, und ich bin die Schlange, die den Körper des Frosches braucht, um ihren eigenen Körper zu nähren. Ich bin die Raupe oder die Ameise, die der Vogel sich als Beute sucht, aber ich bin auch der Vogel, der nach der Raupe oder der Ameise sucht. Ich bin der Wald, der gefällt wird. Ich bin die Flüsse und die Luft, die verschmutzt werden, und ich bin derjenige, der den Wald fällt und die Flüsse und die Luft verschmutzt. Ich erkenne mich selbst in allen Wesen und Lebensformen, und ich erkenne sie alle in mir. *(drei Atemzüge)*

Ich bin eins mit den großen Wesen, die die Wahrheit von Nicht-Geburt und Nicht-Tod verwirklicht haben und die fähig sind, die Formen von Geburt und Tod, Glück und Leiden mit ruhigen Augen anzuschauen. Ich bin eins mit jenen Menschen – von denen es überall einige gibt – die ausreichenden Frieden des Geistes, Verstehen und Liebe in sich tragen, die fähig sind, das Wunderbare, Nährende und Heilende zu berühren, und die die Kraft haben, die Welt mit dem Herzen der Liebe und Händen der Fürsorge zu umarmen. Ich bin jemand, der genügend Freude, inneren Frieden und Freiheit hat und fähig ist, den Lebewesen Freude und Furchtlosigkeit zu bringen. Ich erkenne, daß ich nicht allein und von anderen abgeschnitten bin. Die Liebe und das Glück großer Wesen auf diesem Planeten helfen mir, nicht in Verzweiflung zu versinken. Sie helfen mir, mein Leben auf bedeutsame Weise, mit wahrem Frieden und Glück zu leben. Ich erkenne sie alle in mir, und ich erkenne mich selbst in ihnen allen.

(Drei Atemzüge, Glocke. Alle stehen auf und folgen mit innerer Freude ihrem Atem, die Handflächen sind dabei zusammengelegt.)

Die Erde berührend, lasse ich meine Vorstellung los, daß ich dieser Körper bin und daß meine Lebenszeit begrenzt ist.

(Glocke. Alle berühren die Erde.)

(Betrachtung beim Berühren der Erde:) Ich erkenne, daß dieser Körper, der aus den vier Elementen besteht, nicht wirklich ich ist und daß ich nicht durch diesen Körper begrenzt werde. Ich bin Teil eines Lebensstromes von geistigen und blutsverwandten Vorfahren, der seit Tausenden von Jahren in die Gegenwart fließt und für Tausende von Jahren in die Zukunft fließen wird. Ich bin eins mit meinen Vorfahren; ich bin eins mit meinen Nachkommen. Ich bin das Leben, das sich in unzähligen verschiedenen Formen manifestiert. Ich bin eins mit allen Menschen und allen Geschöpfen, gleich ob sie friedvoll und furchtlos sind oder leidend und ängstlich. In genau diesem Augenblick bin ich überall auf diesem Planeten gegenwärtig. Ich bin auch in der Vergangenheit und in der Zukunft gegenwärtig. Die Auflösung dieses Körpers berührt mich nicht, gerade so wie das Fallen einer Pflaumenblüte nicht das Ende des Pflaumenbaums bedeutet. Ich erkenne mein Selbst als eine Welle auf der Oberfläche des Meeres; mein Wesen ist das Wasser des Meeres. Ich erkenne mich selbst in allen anderen Wellen, und ich erkenne alle anderen Wellen in mir. Das Erscheinen und Verschwinden der Form der Welle beeinflußt nicht das Meer. Mein Dharma-Körper unterliegt nicht Geburt und Tod. Ich erkenne, daß ich gegenwärtig war, bevor mein Körper seine Gestalt annahm, und daß ich gegenwärtig sein werde, nachdem mein Körper sich aufgelöst hat. Ich erkenne, wie ich sogar in diesem Augenblick auch außerhalb dieses Kör-

pers existiere. Meine Lebenszeit beträgt nicht nur siebzig oder achtzig Jahre. Meine Lebenszeit ist, wie die Lebenszeit eines Blattes oder eines Buddha, unbegrenzt. Ich habe die Vorstellung hinter mir gelassen, daß ich ein Körper bin, der in Raum und Zeit von allen anderen Formen des Lebens getrennt ist.

(Drei Atemzüge, Glocke. Alle stehen auf und folgen mit innerer Freude ihrem Atem, die Handflächen sind dabei zusammengelegt.)